MW01170433

EL COMPADRITO Y EL TANGO

B I B L I O T E C A L A S I R I N G A

Colección *La cultura mistonga*

Dirigida por
Arturo Peña Lillo

ROMANCERO CANYENGUE
Horacio Ferrer
Prólogo de Alejandro Dolina
Introducción de Cátulo Castillo

✳ ✳ ✳

EL TANGO • SU HISTORIA Y EVOLUCIÓN
Horacio Ferrer
Prólogo de José Gobello

✳ ✳ ✳

TANGO, TESTIGO SOCIAL
Andrés Carretero

✳ ✳ ✳

Andrés M. Carretero

EL COMPADRITO Y EL TANGO

Peña Lillo
Ediciones Continente

78(09)	Carretero, Andrés M.
CAR	El compadrito y el tango
	1ª ed. - Buenos Aires
	Peña Lillo
	Ediciones Continente, 1999
	128 p.; 23x14 cm
	ISBN 950-754-067-9
	I. Título - 1. Tango-Historia

1ª **edición**: en Ediciones Continente, septiembre de 1999

Libro de edición argentina

© by ⋐diciones Continente S.R.L.

Pavón 2229
(1248) Buenos Aires, Argentina
Tels.: (54-11) 4308-3535   Fax: (54-11) 4308-4800
e-mail: ventas@edicontinente.com.ar

Diseño de cubierta: Mario Blanco
Diseño de interior: Mora Digiovanni

IMPRESO EN LA ARGENTINA
PRINTED IN ARGENTINA

Queda hecho el depósito que marca la ley 11.723

Reservados todos los derechos.
Este libro no puede reproducirse total o parcialmente, incluido el diseño de
tapa, por ningún método gráfico, electrónico o mecánico, incluyendo los
sistemas de fotocopia, registro magnetofónico o de almacenamiento y
alimentación de datos, sin expreso consentimiento del editor.

Se terminó de imprimir en los talleres de INDUGRAF
Sánchez de Loria 2251 - Buenos Aires - Argentina,
en el mes de septiembre de 1999

Buenos Aires será una enfermedad;
pero no podemos negar que agrada
mucho al paciente.
Juan Alvarez

Baile macho, debute y milonguero,
danza procaz, maleva y pretenciosa,
que llevás en el giro arrabalero, la
cadencia de origen candombero
como una cinta vieja y asquerosa.
Carlos de la Púa

Quien rechaza el nacionalismo de un país
oprimido, apoya, inevitablemente el nacionalismo
del país opresor.
Lenin

Sin la historia del pueblo anónimo,
no hay historia nacional.
Hegel

Indice

Introducción

La concepción que la clase dirigente ha logrado formar sobre nuestro desarrollo nacional arranca en el gaucho, antes de su plasmación en el poema de José Hernández y se prolonga sin interrupción en el compadrito, por ser ambos contemporáneos, pero en distintas etapas de evolución.

El gaucho, como hombre del horizonte infinito, y el compadrito, como protagonista del medio urbano acotado por las paredes y delimitado en las calles, como único recorrido posible de transitar, fueron quienes debieron enfrentar a los recién llegados, tratando de no ser vencidos por la avalancha de la cantidad afincada en cifras siempre crecientes.

Hoy, las condiciones sociológicas de ambos han desaparecido llevándose la crudeza de sus respectivos tiempos históricos como realidad cotidiana, impulsados por la dinámica constante de la sociedad en general.

Si hay que determinar una constante destructora, es la existencia del capitalismo cada día más deshumanizado y cruel, para sectores del género humano desprovistos de atributos económicos, sociales y culturales, aun cuando hoy lo llamemos globalización.

Por ello, hacer al gaucho y al compadrito las caras de una

misma moneda, es arbitrario, pues sus tiempos históricos son diferentes, aun cuando haya que reconocer que son el elemento humano creador de la riqueza nacional, lo que Carlos Marx llamó, de acuerdo con su teoría, *la plusvalía no pagada*.

Además, en la evocación y valoración del compadrito, se hace necesario recurrir a la documentación histórica, a los testimonios escritos de memoriosos de sus respectivos presentes, también hoy desaparecidos, pero que sirven para enmarcar al personaje en su medio material y espiritual.

El compadrito, como el gaucho, han sido despreciados y vilipendiados por las sociedades de sus tiempos respectivos, pero con la superación de las ideologías se llegó a la reivindicación del segundo y está llegando el momento de hacer lo mismo con el primero.

Al compadrito se lo ha considerado como un mal menor del proceso de urbanización que obligó al gaucho a desmontar, a abandonar las espuelas y el facón para reemplazarlos con el mameluco, el overol y la herramienta fabril.

Esa concepción pasa por alto el período de adaptación de la mano de obra rural a la urbana, y por ello es que aparecen las adjetivaciones despectivas y condenatorias que predominan en la mayoría de la literatura que trata el tema del hombre del suburbio.

Por ello, durante muchos años, la literatura social argentina se ha manifestado en base a clisés elaborados por una sector de la clase dirigente, estructurados y dirigidos en beneficio de esa clase, o por sectores culturizados al servicio de la clase dirigente.

Se les atribuye al gaucho y al compadrito un coraje bastardeado, al encauzarlo a empresas de muy bajo nivel ético, donde predomina el egoísmo personal de la hombría y del honor personal mal entendido.

No se tomó en cuenta el medio social en que debían vivir y desenvolverse, al estar en pleno proceso de adaptación a condiciones de vida no debidamente definidas, y en el que el diario vivir era básicamente una lucha de subsistencia y no de filosofar.

Además, el gaucho y el compadrito se hermanaron al haber sido integrantes de la mano de obra asalariada, alistados como soldados rasos en ese inmenso ejército de la producción masiva y anónima. Esta última condición –el anonimato– hizo que los trabajos de ambos fueran primero mal pagados, al mismo tiempo que despreciados.

El gaucho termina como tal, cuando el ferrocarril, el alambrado, el Código Rural, la tecnificación y las necesidades de exportación se convierten en los factores rectores de la sociedad en general, pues la República Argentina se ha incorporado al comercio exterior, sin haber salvaguardado antes el valor humano interior.

La alianza tácita pero operante entre vacas, cereales y la burguesía comercial en proceso de convertirse, en un amplio sector, en oligarquía política, establecieron las condiciones materiales e ideológicas para imponer ritmo, tiempo y costo social, a fin de lograr el desarrollo material, siguiendo el modelo europeo, tomado como paradigma, sin antes haberlo analizado en sus pros y sus contras.

Se lo trasladó en forma mecánica con todas sus bondades pero también con todos sus defectos.

Así, se tomó como modelo impuesto la *democracia europea*, sin haber antes analizado el medio material, humano, cultural e intelectual en el que funcionaba.

No se supo entender que para muchos dirigentes europeos ese modelo de democracia era para Europa y no para el resto del mundo.

Desconfiaban de la capacidad de los pueblos hispanoamericanos para entender y practicar con solvencia esa democracia concebida para fortalecer el dominio de ciertas clases sociales en nombre de todas las otras, declaradas solemnemente iguales ante la ley y prácticamente desiguales ante la realidad de los hechos.

Esa democracia europea tomada como modelo, fue la responsable de la producción fabril sin tener más objetivo que la ganancia sin límites y fue la que impuso la expulsión de vastos sectores agrarios de sus tierras tradicionales, en Europa, al reemplazar la mano de obra por máquinas, de la misma manera que antes había reemplazado a los hilanderos manuales con los telares mecánicos y a vapor, para superarlos luego con los eléctricos que producían mucho más a costos bajísimos.

Esos extremos –mano de obra sobrante y producción abundante y barata– fueron ubicados y vendidos en su totalidad en mercados considerados consumidores y carentes de estructura industrial y sin ahorro nacional, como era la Argentina en especial, y América Latina en general.

La democracia europea, mal entendida y peor aplicada, es la responsable de la aniquilación física del gaucho y con el tiempo, lo ha de ser también del compadrito.

Afortunadamente se han de salvar en la memoria anónima y colectiva por el espíritu que los unió como seres humanos y como personajes centrales de dos épocas de nuestro pasado.

El compadrito es un personaje de la Capital Federal que reúne los defectos y virtudes del porteño nato: bravucón, suelto de boca, despectivo para todo aquello que no sea propio de su ciudad y su ambiente, socarrón, irónico y cachador para los que desconozcan las características de la ciudad y sus códigos de comportamiento.

Esas características tienen sus compensaciones –y con largueza– al ser trabajador consecuente, aguantador, eficaz, y no dado a las manifestaciones que lo pongan en evidencia como ejemplo de estas condiciones. Prefirió, el anonimato, el segundo plano, el perfil bajo.

En cambio, aceptó ocupar el primer plano como bailarín, como elegante de la noche barrial o arrabalera, no como obrero. Esa distinción no significó desprecio a la ocupación, sino rehuir el montón igualador y rasero que daban las masas innominadas.

Pesa sobre su alma la maldición bíblica del *ganarás el pan con el sudor de tu frente*, y por ello rehuyó todo aquello que lo equiparara al esfuerzo diario, como si la vida no le diera otra alternativa.

Según él, además de trabajar honradamente, se puede vivir con alegría manifestada en el baile, la amistad, la entrega al verdadero amor entre el hombre y la mujer.

En su personalidad se han sublimado la herencia itálica de los gestos ampulosos, la palabra vocinglera, con la hispana chula de tener o estar rodeado de mujeres, todas al alcance de la mano, a la que se agrega la herencia telúrica de ser solidario con el amigo y desprendido hasta el sacrificio personal.

Pero todo ello reprimido y oculto tras la fachada del personaje displicente, sobrador, desinteresado y anodino, que le permite desinteresarse de la vida ajena, para que nadie se inmiscuya en la propia.

Prefiere cargar con su propia cruz, pagando por sus faltas, y no que lo hagan cargar con cruces ajenas para saldar pecados en los que no tuvo intervención directa ni indirecta, los cuales muchas veces es incapaz de cometer, porque contradicen la esencia de su filosofía existencial.

Esta actitud de aparente desvinculación con el medio y con los problemas de la sociedad en la que vive, para reconcentrarse sobre sí mismo, es lo que ha hecho que filósofos europeos (Ortega y Gasset y Keyserling, por ejemplo) lo califiquen como prototipo del argentino que demostraba la falta de iniciativa por falta de voluntad creativa o vaciedad interna, que se reduce y resume en la exteriorización de una elegancia acartonada.

El primero de esos filósofos le atribuye el defecto de la *viveza* como el motor creador y regidor de su existencia, mientras el segundo, le atribuye una triste soledad interna. Lo califica como un individuo triste.

También se le atribuye la abulia de la iniciativa creadora, ya aludida, supeditada, para ser superada, al *cuando yo quiera o el día en que me lo proponga*, que nunca ha de tener concreción, pues lo estima como un personaje no integrado a la hora ni al tiempo real y concreto en que tenía que vivir, como integrante de una sociedad regida por leyes inexorables.

No han tenido en cuenta ambos que mientras la Argentina del 1890 al 1940, transcurrió ufana ese medio siglo, por la cantidad y calidad de sus carnes y cereales, vivió supeditada a los dictados e imposiciones de los mercados internacionales dominados por las naciones imperialistas, que distorsionaban la vida interior al imponer precios que no compensaban las labores mínimas, creando pobrezas relativas y coyunturales en medio de una riqueza potencial.

El compadrito adaptó su vida al modelo nacional, pero no adaptó sus pautas a modelos o sistemas extraños.

Mientras los políticos argentinos vivieron exponiendo una elegancia que no era propia, al vestir de acuerdo con la moda francesa o inglesa, él adaptó prendas de vestir, para establecer su propio modelo, dentro de las posibilidades que le permitía el magro ingreso obtenido.

Mientras Lucio V. Mansilla era el modelo del *dandy* porteño que se trasladó a París a pasar sus últimos años, y distraer *su spleen*, o Bernardo de Irigoyen hacía cuestiones en el modelo del saco o el pantalón antes de aprobarlo y ser también dandy de acuerdo con su concepción de la elegancia, él seguía con la modestia y la pobreza cotidiana.

El compadrito, por el contrario, debió comprar sus ropas en una suerte de saldería oportunista, y su refugio no fue un *faubourg* o *quartier* parisino, sino una mísera pieza de conventillo, donde, la mayoría de los días, no llegaba a tener ni silencio, ni comodidad ni privacidad.

El compadrito sirvió de exponente y como ejemplo de este período, casi como la antítesis perfecta. Mientras el interior argentino fue mantenido ajeno y alejado, rico o pobre, pero siempre esquilmado en lo económico, social y político, él vivió la tragedia del ser y no estar, del tener y no poder.

EL COMPADRITO Y EL TANGO

Cubierto con la vestimenta seleccionada a su gusto y de acuerdo con su dinero, vivió la tragedia de saber que su trabajo era productor de riqueza, pero que le llegaba en proporción de muy pocos centavos.

Tenía la potencialidad del hombre joven, de la misma manera que la Argentina joven la tenía como nación, pues ambos estaban hermanados al tener que vivir el letargo de vidas postergadas.

El compadrito exhibió como pregón de sus condiciones la pose, la voz alzada, la actitud sobradora ante todas las circunstancias, como si el suceder de los hechos a su alrededor no le llegara, le rozara o le interesara, en un intento de no llamar la atención circunstancial, para que no se lo conociera en la profundidad generosa de su interior permanente y que temía perder si la manifestaba de manera directa, cotidiana y a manos llenas, sin retaceos, como si no tuviera ningún valor.

Lamentablemente, los analistas que tuvo se quedaron en la pose, el *funyi* o *lengue*. Hicieron una cuestión de filosofía trascendente del taquito militar o del saco cortón y ajustado.

Hasta allí llegaron y no siguieron más adentro, no penetraron ni a la inteligencia ni al alma del compadrito.

Los que menos lo descalificaron fueron quienes lo encasillaron como *guarango*, por sus modales y su lenguaje poco o nada educados.

No tomaron en cuenta, antes de esa descalificación, los niveles de analfabetismo que imperaban a nivel nacional y en la ciudad de Buenos Aires, donde muchos chicos debían dejar la escuela o compartirla, vendiendo diarios, almanaques, ovillos de hilo y agujas, o lustrar botas para colaborar en la economía familiar que no siempre llegaba a cubrir los gastos del mes.

Los autores de esa calificación negativa, en realidad, fueron hombres y mujeres del medio pelo, que habían terminado estudios, por lo menos secundarios, y que creían estar por encima del hombre masa, demostrando de esa manera la esencia de su verdadera naturaleza destructora y crítica, nunca creadora de valores permanentes.

Antes que compadrito fue llamado *orillero*, para remarcar la marginalidad de sus medios de vida, de radicación urbana, de educación o cultura alcanzados.

Le siguió en el tiempo el adjetivo de *indio con levita*, para demostrar su atraso evolutivo en la escala del adelanto material logrado con la conquista del desierto terminada en 1879.

Ya en los años de la primera década de 1910, se lo llamó *negro con sombrero de felpa*, cuando ya la raza africana y sus descendientes no significaban numéricamente casi nada en el total de la población nacional, y mucho menos ante los millones de inmigrantes radicados y asimilados.

Para las décadas de 1920 y 1930, fue el *impertinente, mal educado*, que no sabía ubicarse en el lugar correcto que le correspondía ocupar en el ordenamiento de la pirámide social. Para muchos integrantes de la clase media fue, sencillamente, un *ordinario*.

El compadrito no ha tenido nunca la actitud sobradora de ese hombre o esa mujer de la clase media que creían tener al mundo en el bolsillo o en el puño.

Por el contrario, no le interesó tenerlo, y mucho menos, manifestarlo o demostrarlo.

Aceptó su propia libertad y valoración para vivir en plenitud, pero sin esquilmar al vecino. Fue liberal en el sentido de respetar la libertad de todos empezando por la propia, y por eso, fue un decidido defensor de sus derechos, tal como los entendió: sin límites, cortapisas ni acondicionamientos.

No militó de manera activa ni efectiva en los extremos del abanico político –anarquismo, comunismo o conservadurismo–, prefiriendo el centro ligeramente inclinado a la izquierda, que era el radicalismo yrigoyenista, y luego, ya en la década del 40, cuando estaba declinando como figura popular, el peronismo.

Esta militancia pasiva le ha de crear más dificultades entre los calificadores de la sociedad. Se lo tildó como la personificación del *no te metás*, o *por algo ha de ser*, para indicar su atribuida manera amorfa de ser, al no enfrentar nada de manera abierta, y su temor a la acción de la justicia, esquivando el bulto en todas las oportunidades que podía, y cuando se le daba vuelta la taba, resolvía las situaciones con una filosofía conformista: *así es la vida, hermano*.

Esa aparente pasividad, indiferencia o inutilidad fue el resultado de muchos años de postergación, de injusticias sociales, de saber que para él, la suerte ya estaba echada y que la taba nunca se había clavado en suerte.

Mientras la vida de la Argentina se desarrolló entre el comercio exterior y la conculcación de los derechos civiles por el fraude, la crujía y la virtual asociabilidad, el compadrito debió estructurar su propio mundo, tratando de hacerlo libre de esos condicionamientos.

Cuando no aceptó la autoridad del caudillo o del puntero de barrio, fue borrado de los padrones y debió vivir su vida en medio de un inmenso páramo, donde los hombres no integraban una sociedad, sino que eran individuos aislados.

Unicamente en el tango el compadrito dejó entrever la riqueza de su mundo interior, expresándose en la música, la letra o el baile, pues por ellos canalizaba el pueblo su alma, haciendo perdurar lo popular y nacional.

Semejanzas y diferencias

El compadrito presentaba variantes sutiles y profundas. Sutiles en las gradaciones impuestas por los medios de ocupación y profundas en las variantes éticas.

Muchas de ellas caracterizaron a otras personalidades, pues no le son propias ni únicas.

Desde el guapo al patotero, desde el *furca* al cuentero, hay toda una extensa gama de personajes que comprenden actitudes sociales muy diversas y personajes diferentes.

Así entre el guardaespaldas de políticos y el *cafishio* explotador de mujeres hay profundas diferencias.

Todos esos personajes y otros más, como el carrerito, el bailarín o el laburante mañanero, viven en el conventillo, pero en cada uno de ellos el comportamiento social difiere, porque su inserción social es diferente.

El compadrito compartió el lugar, pero no se integró para no perder la individualidad.

Mientras el guardaespaldas hizo un culto de la hidalguía y se jugó la vida por otro hombre al que respetaba y admiraba en un plano de igualdad, no de subordinación, el segundo se manifestó cauteloso, precavido, temeroso de su seguridad personal.

Su vida no la jugó por otro y rehuyó jugarla por sí mismo, si había posibilidades de soslayar el compromiso, así perdiera consideración y respeto entre sus coetáneos.

El primero se planta y mata de frente, jugando hasta el último minuto toda su integridad, actuando por iniciativa propia, en defensa de la integridad moral del otro, no por mandato, porque no es asesino a sueldo.

En cambio, el segundo, al perder el apoyo del caudillo y el amparo de la impunidad que le daban los círculos del poder, no puede dedicarse al trabajo honesto, por carecer del hábito laboral, quedándole como única salida transitar por los caminos del delito, ahora sin protección ni apoyo.

El guardaespalda del caudillo lleva casi siempre una vida callada, oscura y simple, muchas veces con hogar constituido dentro de los preceptos legales y religiosos.

El segundo vive amancebado, haciendo gala de su actividad machista y rufianesca.

Ambos son parte de la sociedad delincuencial, pero difieren y se separan en los objetivos buscados. Para el primero lo importante es su fidelidad sin límites. Para el explotador de mujeres, la vida gira sobre el aprovechamiento de los débiles e indefensos, sin reconocer a nadie la paridad de condiciones. Se somete únicamente ante el imperio de la fuerza legal, a la que previamente ha intentado sobornar, rehuyendo siempre el mandato de la misma.

Entre ambos está el malevo, mezcla de las condiciones negativas de ellos, pues toma del guardaespaldas el apoyo delictivo del político, al mismo tiempo que trata de usufructuar a las mujeres.

Se diferencia de ambos por no tener ninguna condición social de convivencia, pero sí de rechazo y desintegración del medio en el que se desenvuelve.

Es perdonavidas por excelencia, ya que sus actividades cuentan con la impunidad y por ello, lo mismo le da matar a un joven, que cachetear a una mujer.

Esas actitudes las cumplía en pose de sobrador, pues pretendía distinguirse y sobresalir con la mirada de soslayo, el cigarrillo pendiente de la comisura de los labios, el andar balanceado y acompasado del cuerpo.

El imponerse en la reuniones sociales, a fuerza de desplantes insolentes, es su máxima posibilidad para dejar asentada su fama de malevo, pues comprende que sin esos atributos externos irritantes para el medio, pasaría inadvertido y sería un Don Nadie.

Es la negación del hombre, del macho, del coraje, de la hidalguía, de la fidelidad, al mismo tiempo que se convierte en la afirmación del asesino sin causa, del resentido social sin origen y sin destino.

Mientras para el guardaespaldas la impunidad era el medio de vida, y para el explotador, las mujeres su mantenimiento material, para el malevo ninguna de ambas circunstancias son fundamentales, pues su ley es el individualismo egoísta, reducido y potenciado a sus apetitos y sus pasiones.

Otra variante externa del compadrito es el "niño bien". Hijo de la clase adinerada y relacionada socialmente con los centros del poder político, policial o judicial, actuó haciendo gala de desprejuicio.

Lo hizo movido por sus motivaciones frustradas e inútiles,

llevado a la acción por la impulsividad que da el grupo y la impunidad social, pues reducido a lo individual, quedaba relegado a la impotencia.

Con el tiempo, el "niño bien" ha degradado hasta convertirse en el rompedor de faroles o los insultos a distancia. Sus desplantes son la consecuencia de que para él todo está permitido y a nada está obligado, en una permanente queja de su sensibilidad hedonista.

Este comportamiento necesita para cumplirse adecuadamente de una pose, de una fachada externa intocable e inmutable, acompañada con la palabrota que reemplaza a la razón.

Pero el malevo, el patotero, el dandy, el "niño bien" y el *cafishio* están unidos exteriormente al adoptar formas y estilos de vestir distintivos, para poder ser reconocidos a distancia.

En los extremos de sus figuras es donde más se manifiesta esa identificación. Los zapatos puntiagudos de charol o lustrados al charol, y el cabello perfectamente peinado a la gomina.

Con ello trataron de fijar el perfil de su figura. En realidad, habría que decir estereotipar. El calzado y el peinado son prendas imposibles de reemplazar, dentro del estilo de vestir de estos personajes.

Hay un tercer elemento identificatorio, pero que varía de acuerdo con las circunstancias del día o de la noche.

Es el pañuelo (o los pañuelos) que usa: el de hilo o de mano, llevado en el bolsillo posterior del pantalón, oculto para ser usado ocasionalmente y el de seda, llevado en el bolsillo superior izquierdo del saco, bien a la vista, aun cuando no esté desplegado. Es una prenda para ser vista, no usada.

Se diferencian del estilo del compadrito, pues como se ha dicho, para éste sus prendas de vestir se adquieren en una saldería ocasional.

No hay afeites para sus cabellos y por eso, son llamados crenchas o porras. Sus camisas son sin cuello, pues la corbata no es su estilo por ser trabajador.

Prefiere el pañuelo amplio y largo, para usarlo en una vuelta floja, que tiene dos objetivos.

El primero, es dejarlo caer libremente para que acompañe la gracia de su pose corporal, y el segundo para usarlo envuelto en la zurda, si hay necesidad de cruzar aceros.

Sus pies no siempre van calzados con zapatos, ya que suele preferir las alpargatas, pues junto con el pañuelo, le permiten lucir el bordado de sus iniciales, que ha hecho su pareja o su esposa. Ambos agregados son la demostración de no ser un solitario.

Cuando va a bailar calza zapato con taquito militar y botonadura lateral, que es otra distinción de su condición de compadrito.

El resto de su vestimenta se distingue por la sencillez. Pantalón liso, negro o azul muy oscuro con un listín lateral de raso o seda del mismo color.

El saco entallado también es del color del pantalón, pero no por ello forman un ambo. Es corto, hasta media cadera y lo lleva siempre desabotonado, en previsión, para poder pelar la *faca* o el *ñato*, como llama al arma blanca de mano o al revólver con caño recortado, que son sus preferidos, cuando la ocasión los impone.

El saco sin abotonar facilita la extracción de ambos y con eso se está más a la defensiva ante ataques sorpresivos o situaciones no deseadas.

El compadrito se opone a los anteriores personajes por la razón fundamental de que en la inmensa mayoría de los casos, es un elemento trabajador honesto. La excepción existió, pero quedó en eso, excepción.

Puede tener alguna coincidencia circunstancial con el malevo, por ser ambos bailarines solitarios, destacados, y por ello, celosos defensores de sus prestigios.

Se diferencia del malevo, además, cuando robustece su nombradía bailando más y mejor ante quien pone en duda sus habilidades, pero no recurre para ello a las malas artes de las

22

ANDRES M. CARRETERO

armas traicioneras usadas arbitrariamente, ni a los desplantes arteros.

Prefiere demostrar en la pista sus habilidades que dirimir en los baldíos o las esquinas su hombría, derramando sangre inútilmente.

También se distingue del malevo, por no tener cicatrices faciales, ya que el duelo no es de su preferencia.

Mantiene en silencio sus medios honestos de vida para no ser tenido en menos por los otros elementos sociales que frecuentan los mismos lugares de diversión, y en la mayoría de los casos acepta los desplantes, las maneras, las voces, las poses o los arranques, para tratarlos con la igualdad que da la serenidad interior y detener así los posibles entreveros que afloran a la superficie a los menores roces o desacuerdos.

En el compadrito se resumen las cualidades de los trabajadores sin descanso, pues sus medios de vida no tienen nada de marginal, pues no es un delincuente, aun cuando haga gala del lenguaje *canero*, porte cuchillo u otra arma y comente sus aventuras amorosas en ruedas de contertulios.

Nunca esas aventuras tienen el asomo de explotación rufianesca, sino que son pasajes verdaderos adornados con las flores de la imaginación desatada, fabulesca, pero no mentirosa.

El compadrito ha sido una figura de realidad tangible de la vida cotidiana del Buenos Aires hasta 1945, estimadamente, y se ha ido desdibujando y desapareciendo del quehacer cotidiano a medida que las condiciones del medio ambiente fueron cambiando.

Después de 1930 se produjo a nivel nacional el proceso de la incipiente industrialización de manera sostenida y ascendente, por lo que se destruyen las bases eminentemente agro-comerciales que fueron la sustentación de la sociedad que vivió hasta ese momento.

Un nuevo tipo humano empieza entonces a perfilarse. Lo forman el hombre y la mujer que vivieron de las sierras y de los montes, de las mesetas ventosas y de los medanales.

EL COMPADRITO Y EL TANGO

Traían en su sangre el color oscuro del quebracho; en sus cantos el dulzor de la caña de azúcar; en la piel el tinte del sol abrasador y en sus manos la potencia de un país que empezaba a ponerse de pie. Eran la amalgama del indio y del hispano, del gringo y de la tierra, de la sangre y de los sueños postergados, pero no olvidados.

Ellos son, en ese momento histórico de nuestro reciente pasado, la voluntad nacional expresada desde los cuatro vientos para argentinizar la ciudad y aporteñar el país. Son los hombres y las mujeres que llevan en sus espaldas el ímpetu auténtico de lo nacional.

Son los llegados a la ciudad para hacer la Nación, en oposición al viejo lema de la inmigración anterior que vino a "hacer la América".

Buenos Aires prototanguero

Lugares y nombres de bien y mal vivir

Las crónicas consultadas indican que para 1875 la policía estaba muy atareada atendiendo los numerosos y frecuentes encuentros con cuchillos a consecuencia del excesivo consumo de alcohol en los cafés con camareras, cafetines clandestinos y prostíbulos barriales, sobre los que era imposible el control detallado por escasez de personal y excesivo número de ellos.

Las informaciones policiales dieron preponderancia a los cafés ubicados en el corazón de la Boca, como los principales centros generadores de grescas, heridos y muertos.

Entre ellos se pueden mencionar al Café de los Negros, El Palomar, El Molino, El Edén, El Café del Pobre Diablo, Café París, La Camelia y muchos otros.

Eran lugares usados por los políticos (Alsina, Alem e Yrigoyen, por ejemplo), para hacer proselitismo, al mismo tiempo que se los utilizaba como centros de atracción por las mujeres llamadas *ventiladas*, debido a la poca ropa que usaban, incitadas por sus maridos, o rufianes, o por iniciativa propia.

También servían para la concurrencia más o menos masiva de bailarines profesionales y por compadritos que los frecuentaban casi a diario, aun cuando sus paraderos domiciliarios nocturnos estuvieran muy distantes, en barrios considerados entonces de extramuros.

Entre estos últimos concurrentes se destacaron el manco Bizcocho, Pajarito, Maceta, el Tigre Rodríguez, Cogote Pelado, el Negro Villarino, el Pibe Ernesto (Ponzio), Ala Blanca, Chelo, Lungo Pepe y el Rápido Toto, la mayoría de los cuales tenían fama o eran compadritos.

Otros de menor significación eran llamados *compadritos a la violeta*, para indicar la poca importancia que tenían y se les daba.

Además algunos de ellos eran incipientes músicos, más intuitivos que letrados en el pentagrama, como poetas natos que dejaron letras de tangos repetidas oralmente de memoria a memoria, sin escritura mediante, reconstruidas algunas de ellas cuando se recopilaron y estructuraron bajo formas letradas, pero con la particularidad de que muchas de estas estructuraciones son el resultado de la amalgama de muchos trozos salvados mnémicamente, pero ninguno de ellos con la letra completa y textual.

También fueron lugares de concurrencia para los compadritos muchas pulperías que concitaban la frecuentación de elementos entre urbanos y rurales, gauchos de a pie –como se los llamó oportunamente, o gauchos no terminados de apueblarse– con los que tenían muchos puntos en contacto, pues los compadritos de las décadas del 70 al 90 no habían terminado de asimilar y adoptar de manera plena y total, las formas de vida vigentes en la ciudad, con sus nuevos códigos y pautas sociales.

Las pulperías preferidas para concurrir eran las llamadas La Tachela, La Blanqueda, La Tapera, o el café La Puñalada y la casa permisiva de La María.

Los compadritos, por los escasos medios económicos que reunían con sus actividades laborales, nunca tuvieron casa ni departamento propios; debieron vivir en piezas de conventillos.

Muchos de ellos no eran un dechado de higiene, comodidad ni moral, y han trascendido por la sordidez de sus ambientes, como por la pobreza material de sus construcciones.

Sus nombres son de alguna manera una expresión de los sectores sociales que albergaban. En Independencia y Boedo estaba ubicado el inquilinato llamado de María la Lunga.

Cerca de allí, en Castro Barros 433, estaba La Cueva Negra; la intersección de Venezuela y Liniers era la concentración de, por lo menos, seis inquilinatos tan sórdidos como los anteriores.

Todos ellos competían en promiscuidad, falta de higiene y comodidades mínimas, teniendo en común el bajo nivel social de sus pobladores, coincidiendo con los inquilinatos de la Boca.

Otros lugares frecuentados por los compadritos para alejarse de la sordidez de la vida y del pobre entorno material, fueron los cafés donde el rengo Aniceto o Juan Luna eran los personajes aglutinadores de las reuniones, o las glorietas de Barracas y los Corrales, donde se podían codear con hombres de chiripá y facón a la rastra, o payadores como Ezeiza, Navas o Cazón.

Otras distracciones eran los circos de Rafetto (40 Onzas), o Anselmi, que recorrían barrios, levantado carpas en huecos y plazas. También se sentían atraídos por las carpas de la Recoleta donde los grandes señores eran el Pardo Jorge y Angel Villoldo.

No eran muy asiduos concurrentes al Prado Español, pese a la concurrencia abigarrada y a las múltiples oportunidades que tenían para lucir su estampa y habilidades de bailarines.

Preferían los ambientes que contaban con la presencia de Rosita de la Plata, Pablo "Tornillo" Manera, Enrique Caballé o Justino Arrascaite, provenientes del ambiente circense y poseedores de una bohemia desprejuiciada y por ello tolerante y comprensiva.

Por las noches se los encontraba en las mesas de las casas de comidas ubicadas en el Pasaje Carabelas, donde los tallarines con un vaso de vino, calmaban las urgencias estomacales.

Allí compartían mesas e inquietudes con elementos teatrales, yirantas, pequeños cuentapropistas, algún malandra trasnochado y otros compadritos que tenían en el centro, su radio de acción.

Ciudad en transformación

Para 1860 Buenos Aires tenía un centro poblado que presentaba un aspecto armonioso, pese a la pequeña y todavía rústica construcción edilicia. Abundaban los pantanos y los huecos con muchos yuyos. En los negocios se podían adquirir mercaderías europeas muy variadas. Las mujeres porteñas fueron la admiración de los viajeros que visitaron la ciudad. Si bien sus relatos no fueron siempre elogiosos para la ciudad y sus habitantes, en resumen, es posible decir que Buenos Aires tenía el aspecto de una ciudad europea.

Un poco más hacia afuera del centro urbano se encontraban agrupaciones, semiurbanas, como la Boca, caracterizada por ser el lugar de concentración de la marinería extranjera, especialmente italiana, pero que al mismo tiempo daba albergue a la población trabajadora de muchos otros menesteres no marinos.

Otros lugares tomaron sus nombres al derivarlos de las principales actividades que en ellos tenían lugar como Barracas y los Corrales, al concentrar mataderos, acopios de cueros animales y de los llamados frutos del país.

También, no muy lejano del centro, caracterizado para desarrollar en él toda la vida, estaba la Recoleta, también llamada Tierra del Fuego, pues en ella se concentraban el cementerio, el hospital y la cárcel, tres hitos impostergables en la vida de muchos seres humanos.

Hacia el oeste, como un avance sobre la pampa infinita, se encontraba San José de Flores, verdadera avanzada de la ciudad sobre el campo, que se desarrollaba teniendo como centro la iglesia.

Más allá de esos lugares, el verdadero suburbio era un lugar peligroso por ser refugio de malhechores y de la gente llamada vaga y mal entretenida al no tener ocupaciones en labores fijas y honestas.

Antes de que estallara la fiebre amarilla en 1871, Buenos Aires se extendía preferentemente hacia el sur, pero después de ella, numerosas familias de buena posición económica y social abandonaron la zona, al trasladarse al norte, que era una zona nueva, más elevada y limpia de contagios emanados de las cercanías del Riachuelo y de los variados cursos de agua que llevaban sus arrastres hacia él.

Es así que Retiro, Palermo y Belgrano se fueron poblando de manera paulatina y sostenida, convirtiendo esas zonas de quintas, en barrios residenciales al producirse un loteo acelerado.

El Censo de 1887 permite comprender que la ciudad, en la parte comprendida entre la ribera, Callao y Entre Ríos, contenía los principales barrios divididos en las zonas preferidas por las distintas clases sociales y que recibían los nombres de las principales iglesias que en ellos había.

Así, en los actuales San Nicolás, el Centro y Balvanera Norte, se afincaba la burguesía y la alta clase media, quedando el resto poblado por la clase media baja y el pobrerío.

Este último, si bien no tenía límites bien definidos para su expansión demográfica, se concentraba en San Telmo y Monserrat, que a partir de 1872/75, se caracterizaron por dar alojamiento a sectores más pobres, entre los que eran preponderantes las mujeres y los hombres de color.

Fueron desde entonces los barrios de los conventillos, sin retener la exclusividad de ellos, pues en las actuales manzanas de Corrientes, Lavalle, Talcahuano y Uruguay, o sobre Florida entre Paraguay y Alvear, también los había tan sórdidos como los peores descritos por Wilde, Rawson y los otros médicos higienistas que los visitaron en su tarea humanitaria.

A lo largo de toda la historia de Buenos Aires es posible encontrar que la ciudad se fue formando por la agregación sucesiva de grupos procedentes del interior y exterior, primero en forma lenta y luego masiva y acelerada.

En cualquiera de esos grupos humanos predominó el deseo

de afincarse en ella por ser el centro del comercio internacional y de la riqueza generada con esa actividad, y de las otras expandidas a la manera de olas generadas por su impulso.

La gente llegada desde el interior sintió el influjo del medio urbano y por ello fue dejando poco a poco sus hábitos y costumbres, para adquirir, también de a poco, otras características y medios de vida, más acordes con la nueva residencia, pero en un proceso que no logró despojar totalmente a esas personas de sus raíces, sino que fue conformándolas de manera que podían desenvolverse en la ciudad, utilizando sus aptitudes de hombres de campo.

Esa nueva condición es importante, pues sin dejar de ser campesinos, lograron llegar a ser ciudadanos, es decir, pobladores de la ciudad.

De este período transicional 1870-1880, hay numerosos testimonios y estudios que permiten comprender la transformación social del elemento trabajador en su adaptación a las nuevas leyes y pautas sociales, teniendo siempre en actividad los efectos de la transculturación.

Hay, entonces, un tiempo histórico en que convivieron las actividades laborales desarrolladas en corrales, barracas, mataderos, plazas de carretas, saladeros y posteriormente los frigoríficos, con los transportes en tranvía, la concurrencia a circos y teatros, la comida en fondas y fondines, las noches en camas con sábanas y colchones, dejando de lado el asado con cuero y el recado como descanso precario pero único.

Profundos cambios en la sociedad

De esa mezcla desordenada y en muchos casos anárquica, quedó vigente el cuchillo como herramienta de trabajo, pues la mayoría del elemento varonil llegado del interior, se adaptó a las ocupaciones que tenían al ganado como centro y eje de sus actividades laborales.

Fuera de ellas debieron convivir de manera estrecha con otras maneras de ganarse la vida, tolerando diferencias al tomar contacto con otras necesidades vitales y apetitos desconocidos en sus lugares de origen.

Tampoco debe dejarse de lado que a medida que la inmigración creció, el medio ambiente cambió en razón del progreso material que se fue transformando dinámicamente.

En menos de cincuenta años Buenos Aires cambió de manera tan profunda que Alberdi escribió para 1880 su asombro y beneplácito, al mismo tiempo que enumeró las muestras del cambio material y anímico operado. Alem, por su parte, vaticinó los cambios negativos de la gran ciudad.

La influencia del medio rural en el tono general de la ciudad se mantuvo con caracteres más o menos permanentes hasta tanto y en cuanto el país, y la ciudad de Buenos Aires especialmente, no se transformaran por influencia de las técnicas extranjeras que cambiaron totalmente lo externo y la estructura general.

Ejemplos de ello se pueden encontrar en la vigencia de la producción agro-ganadera, al mismo tiempo que en los principales teatros porteños actuaban con gran suceso los cantores y las principales actrices europeos contratados y traídos para solaz de la alta clase dirigente. La relación de esa coincidencia estuvo en que a medida que el campo se tecnificó con arados múltiples, sembradoras, cosechadores y otras máquinas, los cupos exportables crecieron en relación directa al aumento de esa producción transportada por el ferrocarril, que desplazó hasta anular las altas chatas que recorrían los caminos de tierra.

El proceso de urbanización llevado a cabo en la ciudad, basado en la riqueza del campo, permitió que mucha mano de obra rural llegada a la gran ciudad, siguiera viviendo del ganado, de la misma manera que muchos inmigrantes vivieron del comercio y servicios.

Ambas actividades tenían en común que quienes las ejercían vivían en los mismos barrios y compartían la misma vivienda. Fueron las zonas de coincidencia donde el campo y Europa tuvieron a la ciudad como nexo de unión y amalgama, no faltando las ocasiones de oposición, burla y enfrentamiento.

La expansión de la ciudad se realizó no sólo en los barrios y el suburbio, sino que también se manifestó cambiando las costumbres y medios de vida. En las zonas no integradas, o zonas intermedias entre lo urbano y lo rural, al ritmo ciudadano le quedaron los ranchos o carpas de las chinas, boliches, peringundines, prostíbulos, que desde mucho antes fueron considerados lugares de corrupción –así calificados por la moral burguesa imperante– y desempeñaron la función de distracción y diversión de la población masculina, especialmente como lugares de concentración para la práctica de bailes, pues como lo han indicado en varios testimonios, Buenos Aires, si bien tenía lugares muy buenos para la clase alta, predominaban numéricamente los reservados para la clase pobre y trabajadora.

Buenos Aires pretanguero

Lugares de origen

Dados los antecedentes que se detallan como confluentes para que el tango tuviera origen como música y como baile, es innegable que ese origen se registró en donde hombres y mujeres concurrían a bailar y hacer sociedad.

Ellos fueron, en una breve cita, los peringundines, los patios de las chinas, las romerías y los prostíbulos.

No es posible atribuir al tango su origen en lugares donde no había mujeres (lugares de misoginia), pues dada la cantidad de hombres solteros, lo natural fue que se buscara la compañía del otro sexo.

Por ello es errónea la afirmación de que el tango se bailó inicialmente entre hombres. Los bailes llamados tangos, con varios aditamentos, se bailaron entre hombres y mujeres, unidos por cercanía, por contacto ligero o por abrazo.

Lo importante es que nació bailado en pareja, en los mencionados lugares y luego se refugió definitivamente en los prostíbulos, y en otros lugares que oficiaban como tales, pero tenían distintos nombres.

Ese amparo prostibulario no es sorprendente, pues en él se

necesitaba una atracción que complementara al sexo y nada mejor que la música de los sectores más pobres, pues por la baratura de las tarifas que cobraban eran los lugares donde concurría la mayoría del elemento trabajador masculino necesitado de desahogo.

Esa coincidencia entre sexo y música se ha expresado en los nombres de los tangos iniciales que se detallan más adelante.

De allí, el segundo amparo para el tango fueron los patios de los conventillos, pues en ellos, a pesar de los rígidos reglamentos, se escuchaba música popular y se bailaban tangos, especialmente los fines de semana, que eran los días donde estaba presente la mayoría de la población conventillera.

Corroborando esta afirmación están las fotografías del Archivo Gráfico de la Nación que presentan organilleros rodeados de varias parejas que bailaban, mientras otros habitantes de los conventillos lavaban o remendaban ropas.

Inmigración y desequilibrio

El adelanto edilicio de la ciudad, como también la extensión geográfica, fue acelerándose de manera notable en el período posterior a 1880 y por ello lugares como Miserere, Retiro, la Recoleta se incorporaron al ejido de la ciudad, mientras Los Corrales, Nueva Pompeya, Flores y algunos otros dejaban de ser suburbios lejanos e inaccesibles.

Al mismo tiempo, el acrecentamiento de la inmigración, con un alto porcentaje de radicación ciudadana, multiplicó la cantidad de habitantes.

Esto último creó problemas de alojamiento y alimentación para el sector flotante de la población, que desconociendo el medio y los modos de vida, fluctuaban entre la vagancia y la búsqueda de ocupaciones.

Fue un momento impactante para porteños y viajeros encontrar en plena Plaza de Mayo los más opuestos rostros étnicos, entremezclados con los tintes de piel, que a su vez estaban rodeados con sonidos guturales, o frases suaves, pero ininteligibles, pues cada nuevo habitante era referencia a remotos lugares, cuya fonética se ignoraba y al mismo tiempo no se deseaba conocer.

Fue en esa década de 1880-1890 en que los intelectuales más sobresalientes, los que se distinguieron por sus viajes culturales como fueron Miguel Cané, Lucio Vicente López, Ricardo Gutiérrez, para citar nada más que a unos pocos destacados, se asombraron de encontrar en Buenos Aires tipos humanos que no habían hallado en sus patrias de origen y de oír en las calles de la ciudad, lenguas, idiomas y dialectos ignorados por ellos, que se desempeñaban con total soltura y solvencia en el mundo de la diplomacia y la cultura, que exigía para ello, el dominio fluido de por lo menos cinco idiomas, amén de latín y griego.

Estos dos últimos eran considerados como la base imprescindible de la cultura humanística que imperaba en los altos cenáculos culturales de las capitales europeas.

Desde esa distancia, impuesta por lo que se consideró *la cultura*, hasta las zonas donde se seguían hablando idiomas y dialectos, había separaciones que superaban con creces las distancias barriales o las diferencias existentes entre los despachos ministeriales y los mostradores de boliches o pulperías urbanas.

Entre esos extremos se fueron desarrollando estamentos intermedios, como las casas chorizos y los conventillos, con sus gradaciones que iban desde las habitables hasta las inmundas.

Los negros

La cantidad de negros africanos, sus descendientes y mezclas –llamados castas por los españoles– siempre ha sido un tema controvertido.

Ya para 1860 se estimó oficialmente que no existían negros en la ciudad de Buenos Aires en cantidad apreciable. Sus ocupaciones eran el servicio doméstico, preferentemente en las casas pudientes, y para el Censo de 1895 se indicó que se *tiene como un lujo la ostentación de ellos, cubiertos con ricas libreas, en los pescante de sus carruajes, o en las porterías de sus casas habitaciones.*

Para 1897 los habitantes de la ciudad no pertenecientes a la raza blanca sumaban 8005 individuos, de los que se suponía la mitad formada por negros de raza pura y el resto por los llamados mulatos o chinos, es decir, mestizos, en que la sangre africana o indígena existía en proporción muy fuerte.

De allí en más, los censos sucesivos dan cifras cada vez más escasas, con predominio femenino.

Esa cantidad representaba en el total de la población porteña nada más que el 18%. La misma proporción era vigente en la provincia de Buenos Aires.

Ello demuestra el proceso acentuado de disminución de la población de color, por un sinnúmero de razones, entre las que se pueden anotar las guerras y la terminación de ingresos desde el exterior como esclavos o ciudadanos libres.

Al mismo tiempo hay que indicar que de los 8005 antes indicados, 3300 eran varones y el resto mujeres. Esto dio como resultado una creciente cantidad de mestizas entre negras y blancas.

Al mismo tiempo señala que la mujer negra o de color fue asumiendo de manera progresiva el papel rector en la comunidad, reverdeciendo viejas raíces ancestrales del matriarcado tribal originario de los distintos lugares de procedencia, antes de ser trasladados a Buenos Aires como mano de obra esclava.

Ese papel de la mujer no ha sido tenido en cuenta en su verdadera dimensión, pues desde 1870 en adelante se encuentran en las crónicas y memorias o referencias temporales, nombres de mujeres negras, puras o mezcladas, al mismo tiempo que van diminuyendo los nombres de los varones.

El libro de José A. Wilde, al referirse a las ocupaciones más difundidas entre los negros, indica con claridad un predominio de la mujer como sostén de muchas familias de negros y menciona a muchas de ellas.

Coinciden con ello los libros de Néstor Ortiz Oderigo al tratar la vida de los negros como comunidad, haciendo resaltar que a medida que el tiempo transcurrió y el número de hombres negros fue disminuyendo, la mujer fue adquiriendo importancia.

Otra forma de aquilatar la importancia adquirida por la mujer negra, es en los bailes, por la galanura de sus ropas, posibles de apreciar en numerosos grabados de las revistas de época (*Caras y Caretas*, *P.B.T.*, etc.), donde se las encuentra emperifolladas sin llegar a desentonar con exageraciones.

Mantienen el poco y pequeño lujo que les permiten sus medios de vida, pero distan mucho de la sencillez impuesta por la pobreza.

Esas negras coinciden, en cuanto a belleza estilística, armonía de líneas y pulcritud en las prendas, con el compadrito, que también procede con el mismo estilo de cuidar la figura, la pose y la prestancia, dentro de los escasos medios económicos disponibles.

Esa igualdad de actitudes estéticas los acercó y asimiló en la coreografía pretanguera y luego tanguera.

Esa importancia se acentuó a medida que los bailarines blancos las buscaron para formar parejas. Ese acercamiento proporcionó un mejor conocimiento coreográfico, sobre el cual pudo improvisar y crear nuevas figuras con posterioridad.

No es casual que las parejas femeninas de los primeros compadritos bailarines o de los profesionales fueran mujeres de color más o menos subido o pálido, de acuerdo con el grado de mestización que habían heredado.

Confirma esta situación el hecho de que, en muchas obras del teatro breve porteño, la mujer que bailaba, se tiznara la cara y vistiera, para remedar a las negras o mulatas que danzaban en los locales llamados *tangos*, o en plazas y calles.

Origen de la música

Sobre la base de las músicas existentes en Buenos Aires para la década de 1870 (música de origen africano, folklórica, campesina, canto por cifra, payada y también la europea), el gusto popular se fue inclinando de manera progresiva sobre aquellos ritmos, sonidos y composiciones que le resultaban más gratos, más afines con su propio sentir y por ello hay que anotar la preeminencia de la música derivada de ritmos negros, a la que se superpuso hasta fusionarse en un nuevo ritmo, la habanera, el fandango, el tango andaluz, el tango flamenco y otros ritmos, que tenían vigencia en ese período.

Hay que hacer notar que la mayoría de esas músicas tienen una remota raíz africana, transculturizada en Europa.

Por allí pasó la habanera (baile en dos por cuatro y ritmo lento) a los puertos caribeños, desde donde fue adoptada y transmutada con la música de los negros esclavos locales, quienes sin quitarle el ritmo original, le agregaron otro contenido sonoro y melódico.

Del Caribe llegó a Buenos Aires, donde se difundió desde los cafés del puerto hasta los patios enramados de las pulperías de extramuros, compitiendo con las otras músicas que se ofrecían al público en general.

Nuevamente se produjo el fenómeno de transculturación, en este caso musical, al producirse una fusión del ritmo anterior a uno más vivo, más rápido, más cortado, que es el característico de la milonga.

Este ritmo se adaptaba más a la modalidad de los payadores que la aceptaron de inmediato, produciéndose entonces la aparición del contrapunto milongueado.

En él convergió también la raíz campesina y folklórica de los guitarreros errabundos de la campaña, consolidando todo ese acervo cultural primitivo, en la música de la payada que tiene tiempos rápidos, para llenar los intervalos vocales y los lentos o menos rápidos, para acompañar las voces payadoras, versificadas o no.

En esta mención de músicas, la original, en la que se concentraron las sucesivas, para luego evolucionar, hay que situar el candombe al que se acoplan, transformándolo, la música campesina, folklórica y europea.

La música del criollo no ha sido debidamente considerada entre las raíces formadoras del tango.

Posiblemente tenga muy poca injerencia, pero aportó cuatro condiciones que son fundamentales para la posterior estructuración del tango, tanto en la música, como en la letra y la coreografía.

Los guitarreros criollos, tan maltratados por Concolorcorvo y la mayoría de los viajeros o historiadores hispanos, aportaron:

1) La condición de ser músicos y cantores intuitivos.

2) Eran creadores desde la nada.

3) No se ajustaban a ningún patrón musical conocido.

4) Crearon sus propios patrones musicales, para luego también recrearlos con total libertad.

Esos criollos innominados estaban instintivamente echando las bases del canto por cifra y la payada, pasando por el contrapunto, para llegar luego a la milonga y arribar finalmente al tango.

En ese proceso de la transculturación musical rompieron, sin saberlo, con la música europea, herencia blanca; con el candombe, herencia africana, y con la música indígena, herencia del aborigen americano, para componer con los trozos seleccionados, unidos en la creación o recreación anónima, fresca y repentista, su propia música.

Lamentablemente, por ser analfabetos musicales no han dejado en ningún pentagrama las músicas que fueron marcando las etapas de las rupturas, como también dejaron sin rastros las correspondientes a la creación intuitiva que le siguió.

La mayoría de la música que se ejecutaba en las reuniones

bailables de los negros esclavos desde la época hispana, que se reitera en todas las partes del mundo donde hubo esclavitud de negros africanos, tenía carácter religioso. Por ello era reservada para los iniciados en el rito.

De allí que las autoridades blancas la observaran y describieran como exótica, atrabiliaria, exagerada en los movimientos del cuerpo y proclive a la lascivia emanada de las contorsiones pélvicas o de los miembros, especialmente en los movimientos femeninos.

Con el tiempo y por efecto de la transculturación, esos bailes fueron perdiendo –no todos– su carácter sagrado y ritual, convirtiéndose en bailes de distracción y alegría de la población negra o negroide, permitiendo así el ingreso de blancos y mestizos criollos, al perder el carácter sacro.

El negro aportó junto con la música y la coreografía, sus instrumentos musicales, la mayoría de los cuales eran tambores, y el mestizo criollo la guitarra y la flauta.

Luego se agregaron en los primeros tiempos el violín, la corneta y otros instrumentos de viento.

Esas alusiones al tango servían de atractivo para el público, ya que más de una pieza teatral dependió para el éxito o el fracaso, de una música bien bailada, y especialmente, si la coreografía era atractiva y novedosa.

La música de los negros de Buenos Aires se basaba en el ritmo marcado por los tambores, acompañado con expresión coral y batir de palmas.

De esos tambores, a los que hay que agregar otros instrumentos sonoros, los principales fueron el *Lé* (mayor), *Rumpí* (mediano) y el *Rum*, que era el más chico.

A ellos hay que agregar como principal pieza sonora, el *Candombe*, que era el tambor más grande y más sonoro.

Por esta característica se llamó con ese nombre, a la mayoría de los bailes de los negros, sin entrar a detallar las particularidades musicales, rítmicas ni coreográficas.

Esto hace que muchas de esas piezas se desconozcan, perdiéndose así pistas, que son necesarias para el estudio de la coreografía inicial o el origen coreográfico del tango.

Para 1870-1890, en los bailes de los negros, además del candombe se tocaban y bailaban palitas, mazurcas, malambos, simaritas, gatos, cielitos y tangos, sin que se llegara a especificar respecto a los últimos si eran tangos negros, andaluces, americanos o lo que nosotros llamamos, en la actualidad, tango.

Es de sospechar que el nombre de tango, para esas fechas, era referido a los llamados tangos negros, que estaban en plena expansión, recibiendo buena acogida popular.

Popularización en algunos medios

Además indica que ya la palabra tango se ha popularizado y se la usa para designar una música y una coreografía distintas de las existentes hasta entonces

En las reuniones bailables donde predominó el espíritu negro, los bailarines de ese origen usaron su ductilidad y conocimiento coreográfico, para desplazar, en la atención de la concurrencia, a los bailarines no negros, que danzaban poniendo de manifiesto su falta de conocimiento y práctica.

La manera más directa y simple para seguir reteniendo el centro de atracción, consistió en exagerar la coreografía, dominada a la perfección, haciendo de esta nueva forma de bailar, una estrategia, para alejar de manera indirecta a los menos aptos o diestros, marginados desde siempre en las reuniones de blancos o negros.

Esa marginalización o exclusión de los salones, patios o pistas de baile, se acentuó en las expresiones musicales que, a pesar de su popularización, podían mantener dentro de las etnias correspondientes, un trasfondo sagrado, callado pero todavía vigente.

ANDRES M. CARRETERO

Las exageraciones en la coreografía, practicadas por los negros, como se ha señalado, fueron imitadas, por los blancos que querían bailar, dando lugar a la aparición de bailarines que con pasos parecidos o semejantes a los practicados por los negros, arrastrando o acoplando, intentaban equilibrar la experiencia del negro.

Para hacerlo contaron con el conocimiento previo que tenían de los bailes folklóricos o europeos. Este esfuerzo aproximativo permitió el ingreso de los no negros a la danza.

Por medio de la frecuentación y la práctica, los bailarines blancos torpes, menos aptos y hasta groseros, lograron convertirse en bailarines aceptables y no desentonantes, llegando hasta a comprender y dominar los secretos de la coreografía negra.

Luego lograron dominarla al grado de poder cambiarla, adaptándola a los otros nuevos ritmos que han de ir apareciendo en la medida en que se han de plasmar los distintos ritmos que han de desembocar finalmente en nuestro tango.

Desde entonces el bailarín blanco estuvo en condiciones de competir en destreza y creatividad con el bailarín negro o mulato, desplazándolo del centro de atracción.

Dominado el ritmo y aprendida la cadencia, fue posible introducir variaciones coreográficas que eran el fruto de su propia creación.

Es entonces que aparece el compadrito como bailarín avezado, que puso colorido coreográfico en las distintas pistas, patios o trastiendas a donde concurrió.

En ese momento, desde la década del 1890 hasta fines del siglo pasado, imperó en la música popular, una aparente anarquía al enfrentarse dos mundos musicales y coreográficos que tenían un origen semejante, casi igual, pero que se expresaban de maneras diferentes.

Estas diferencias se fueron decantando, simplificándose por simbiosis y amalgama, dando lugar a la aparición de una nueva música y coreografía, que era común a los blancos y a los negros,

EL COMPADRITO Y EL TANGO

al lograr rescatar los elementos iniciales comunes, eliminando las antinomias, pero que todavía no eran formas definitivas, pero sí transitorias.

La guitarra y el violín permitieron armonizar musicalmente esa etapa y preparar el nacimiento de la nueva.

Sobre la música del candombe, que constituyó la base inicial, se superpusieron parcialmente la música folklórica, habanera, fandango, fandanguillo, tango andaluz, tango flamenco, tango negro, sobre los que la propia creatividad de los músicos y bailarines fueron formando un aporte indefinido del que se han de ir separando, de manera progresiva, algunas partes –también mezcladas y amalgamadas– para formar luego por depuración propia, la milonga y más tarde el tango.

Este proceso no fue repentino ni rápido. Necesitó por lo menos el tiempo de una generación, de acuerdo con la teoría ortegueana, que es lo mismo que decir quince años.

Esta etapa transicional fue de conjunción musical, donde predominó la guitarra, que era el instrumento dominado por los criollos, blancos o mestizos.

Tuvo apoyatura musical en el violín, la flauta y algún otro instrumento, pero todos tienen la característica de ser de fácil transporte y ejecución.

El conjunto de esos instrumentos logró desplazar y sustituir, relegando a papel muy secundario, el acompañamiento percusivo de los tambores, que antes eran el centro generador y sostenedor de la música negra. Después fueron eliminados por completo.

Lo importante en materia musical ocurrió después de 1870 (fecha inicial), cuando los cambios fueron acentuándose a través de la indicada generación ortegueana, como ósmosis, simbiosis, síntesis y amalgama musical, teniendo como eje centralizador y al mismo tiempo como catalizador, el tiempo musical del 2/4.

No es casual que las músicas que convergieron en las reuniones populares, como fueron la guajira –flamenca y cubana–, la habanera –europea y caribeña–, el candombe, fandango, fandanguillo, tango andaluz o los otros tangos señalados, tengan la particularidad de estar escritas o poder escribirse en 6/8, 3/4 u otras combinaciones binarias, pero que se interpretan, o pueden ser interpretadas, todas en 2/4.

No es de extrañar entonces, que de la síntesis y la simbiosis musical que se produjo, haya resultado el 2/4, el elemento unificador de la nueva música popular que estaba en gestación, sin omitir que esa marcación era la más adecuada a la escasa, baja o nula cultura musical imperante entre los músicos de la época.

A ello hay que agregar que la memoria auditiva desempeñó un importante papel, al salvar o rescatar trozos musicales. Esos fragmentos fueron reproducidos tal como eran memorizados o cambiados, de acuerdo con la manera de sentir que tenía cada músico o también, de acuerdo con la ductibilidad que tenían al ejecutarlos, siempre en el ya señalado 2/4.

Con ello se fue formando una base musical inicial indispensable para la evolución posterior. Lucio V. López, en su libro *La gran aldea*, y otros memoriosos de la misma época, indican que en Buenos Aires existían muchos cantores que se acompañaban con músicas diversas, pero todas ejecutadas en 2/4.

El mencionado autor indica con claridad que desde 1860 se bailaba *un aire vulgar, cadencioso, antecesor de la milonga.*

Es la etapa del compadrito analfabeto, pero intuitivo, que creó poesía y música, pero no supo graficarla.

Otra novedad en los bailes, es que la pareja bailaba entrelazada, *con luz*, no unida, resultado de la influencia coreográfica de la habanera.

Es posible que así sea, pues según la afirmación de Ortiz Oderigo, *ninguna danza o baile africano se baila enlazada o abrazada.*

Ventura Lynch para 1883 sostuvo que la milonga era patrimonio exclusivo de los compadritos, que la bailaban para lucimiento de su persona, creando figuras coreográficas irrepetidas e irrepetibles en cada pieza.

Ello confirma lo dicho antes sobre el compadrito, como creador intuitivo, pero imposibilitado de dejar sus creaciones graficadas, por ser analfabeto letrado y musical.

Coreografía tanguera

Las reiteradas citas que han hecho en sus respectivos trabajos Carlos Vega, Ventura Lynch, Vicente Rossi, Rodríguez Molas, o las menciones posible de encontrar en la literatura nacional que va desde 1810 en adelante, mencionan música y baile de *tango*.

También hacen referencias a las obras puestas en escena, en los años que van desde 1880-1895 y señalan la existencia de músicas llamadas de ese manera.

Pero esas indicaciones no siempre han sido bien interpretadas, por no estar ubicadas en el tiempo respectivo, ni ajustadas a sus verdaderos significados.

Sin embargo, hay que admitir que confirman desde dos puntos de vista, el musicológico e histórico, la existencia de algo musical y coreográfico llamado *tango*, pero esas fuentes o referencias sostienen, con sus respectivos testimonios, que la música bailada lo era con parejas sueltas, rasgo distintivo de la coreografía negra, mientras se tocaba la música o se recitaba lo que se podían llamar letras, y ésta, hay que repetirlo para ser bien entendido, siguiendo lo manifestado por Ortiz Oderigo, ya citado antes, era una condición distintiva y exclusiva de los bailes de negros.

Por ello, decir que se bailaba *tango*, por parejas sueltas, no puede significar que lo bailado era el *tango*, tal como lo entendemos en la actualidad.

Se ha indicado la recíproca influencia de las distintas corrientes musicales que convergieron, influyéndose mutuamente hasta dar como resultado final el tango de nuestros días.

También se ha indicado la acción del negro y del blanco en los lugares de baile, con respecto a la coreografía existente en las distintas músicas ejecutadas y las modificaciones que se fueron introduciendo hasta que, de la exageración para hacer resaltar el ridículo, se llegó a formas casi definitivas de los pasos modificados, que eran originados en variados ritmos.

A esas modificaciones progresivas, dentro de las coreografías conocidas, se agregaron los pasos de bailes europeos de salón, como el minué, vals, polca, etc., que combinados, adaptados o mezclados, fueron dando en ese tiempo ya señalado de quince años, etapas tendientes a desprenderse de la coreografía original, vigente y casi inamovible por lo estratificada para 1875, pero casi irreconocible para 1890, por las innovaciones introducidas y aceptadas hasta por el más palurdo de los bailarines.

Además, esa nueva coreografía no había perdido la chispa de la creación repentista, que abría la posibilidad de que cada pieza bailada no sería nunca más vista, al no repetirse los pasos, como dice Ventura Lynch, respecto a la milonga de los compadritos orilleros.

Fueron apareciendo entonces los pasos armonizados del hombre y la mujer; los pasos cruzados, el retroceso, avance frontal, el lateral, la vuelta sencilla o la complicada, el entrecruzar de piernas, la sentadita, que era una insinuación, y la infinita posibilidad de crear, sobre la marcha y sin patrones previos, nuevos desplazamientos que embellecen la danza.

Todo indica, para poder afirmar, que ha sido la música la que determinó la coreografía, a lo que debe agregarse la creación de los bailarines y, no a la inversa, la coreografía quien determinó la música.

Buenos Aires tanguero

Cuchillos y mujeres

El elemento masculino que practicó el tango era casi todo proveniente de las ocupaciones relacionadas con el ganado vacuno (matarifes, carniceros, cuereadores, etc.), que tenían como herramienta de trabajo el cuchillo y por ello eran hábiles en su utilización. Los que no eran hombres de cuchillo también lo llevaban como prevención.

En cuanto a las mujeres, Bates las define como *mujeres con cuchillo a la liga*, del que sabían hacer buen uso, coincidiendo con la descripción de Enrique Tallón respecto a *La Moreira*, al grado de que el prototipo de ellas ha quedado reflejado literariamente en la personalidad y figura de esta mujer, que era pareja y compinche del Cívico.

Desde los lugares iniciales poco recomendables, fue ganando paulatinamente otros y mejores escenarios hasta que en 1889 se bailó por primera vez la milonga en el escenario del teatro Río de la Plata, cuando se representaba la pieza *La Estrella*, de Antonio Podestá, para repetir otra milonga al año siguiente en el teatro Goldoni.

Esas representaciones teatrales y las sucesivas tenían, como condimento imprescindible, la espectacularidad del baile para captar la atención y aprobación del público asistente.

Por ello la coreografía teatral, si bien seguía las líneas generales de la empleada en los bailes corrientes, exageraba la cantidad y los efectos gimnásticos de la pareja bailarina.

Pero exagerada o no, el hecho es que la milonga logró ser aceptada como música y como coreografía por el público en general, saliendo del elemento inicial, que, como se ha dicho, no era el mejor.

La siempre citada milonga *Carnaval de Buenos Aires*, escrita por Hargreaves, es una estilización y al mismo tiempo un sincretismo de motivos populares adaptada al tiempo de milonga bailable y no una creación original, como se ha afirmado erróneamente.

Al provenir de lugares poco recomendables, calificación realizada de acuerdo con la moral imperante en la clase dirigente, la palabra *milonga* sirve para definir los lugares donde se la bailaba, a la mujer que baila muy bien y también al enredo, manejo turbio, bochinche y entrevero.

Finalmente *tango milonga* es el tango de ritmo muy vivo y cadencioso. De acuerdo con testigos de la época, se bailaba la milonga y el tango milonga para lucimiento de la pareja, creando figuras coreográficas distintas en cada pieza.

Lugares de baile

La nómina de lugares donde se bailaba en Buenos Aires, durante la segunda mitad del siglo pasado, es demasiado larga para poderla citar en toda su extensión, corriendo el riesgo de cometer omisiones. Por ello se ha realizado una selección de nombres, por ser los más repetidos por los memoriosos, crónicas periodísticas e historiadores. Merecen iniciar la lista, los lugares ubicados en torno a la actual Plaza Lorea, una alpargatería de

Estados Unidos y Solís, otra en Pavón y Bernardo de Irigoyen, el Tancredi, numerosos cafés y cafetines de la Boca o los ubicados en Tres Esquinas.

En el actual barrio de Belgrano, se pueden nombrar al Nani y La Violeta. A ellos se agregaban los rancheríos existentes en torno a los cuarteles o en la actual Recoleta, en las llamadas carpas de la Recoleta.

De acuerdo con las afirmaciones de Taullard, era un barrio *bravo* de verdad. Sus límites estaban determinados por las actuales calles Las Heras, Pueyrredón, Coronel Díaz y del Libertador, que las crónicas policiales individualizaban como Tierra del Fuego.

Donde se bailó en público por primera vez el tango en parejas enlazadas, fue en la llamada Batería, en el actual Retiro, para seguir en las carpas de Santa Lucía, en el barrio de Barracas.

En la mayoría de ellos se realizaban duelos a cuchillo, muchos de los cuales ponían fin al baile, al provocar la llegada de la policía, que preventivamente antes de proceder a investigar, dispersaba la concurrencia.

En ellos y en la mayoría de los lugares hasta aquí mencionados, los músicos que se presentaban y actuaban, cobraban pasando la gorra, el sombrero o el plato, para recibir una moneda de cada bailarín, cada vez que se tocaba una pieza.

Como eran lugares muy concurridos, la retribución era apreciable. En las carpas, los ranchos de las chinas y otros lugares, adquirió experiencia y fama Angel Villoldo, compadrito de ley, como cantor y guitarrero.

A ellos se fueron sumando otros lugares más adecuados para la clase media, adecentando el baile y las comodidades para la concurrencia, al mismo tiempo que brindaban la oportunidad para trabajos seguros y continuos para los músicos.

A esta nueva serie de lugares corresponden El Prado Español, célebre por las romerías realizadas por la colectividad de esa nacionalidad afincada en Buenos Aires, que era lugar de cita obligada para la clase media.

Estaba ubicado en la actual Avenida Quintana en su intersección con Juncal. La música la brindaban varios músicos, no más de seis o siete, de acuerdo con la concurrencia, que tocaban sus instrumentos parados, pues no había tarima, palco ni escenario.

La mayor parte de las veces que había bailes, los conjuntos musicales se formaban de improviso, en el mismo lugar, de acuerdo con los intérpretes que estaban presentes, dándose oportunidades de cinco guitarras y una flauta o a la inversa, pues no había conjuntos musicales ni orquestas estables, hasta la primera década del siglo actual.

A mejor nivel de comodidad y servicios prestados, estaba el Café Tarana, también llamado Hansen y Pabellón de los Lagos, de acuerdo con el propietario del momento, que le daba distinta denominación.

En él se escuchaba música, pero no se bailaban tango ni otras músicas, y no había mujeres estables para atender a la clientela, como contrariamente se ha afirmado sin fundamento. Se escuchaba música y las mujeres eran las acompañantes del elemento masculino.

A menor nivel de popularidad, pero con las mismas características estaban El Velódromo, El Kiosquito, La Glorieta y El Tambito, todos ubicados entre el actual monumento a Garibaldi y la iglesia de San Agustín, en la Avenida Las Heras.

Estos últimos, por sus comodidades y calidad de concurrencia, podían ofrecer al público y a los músicos estabilidad, al mismo tiempo que buena calidad de bebidas y comidas, y seleccionar cuidadosamente las mujeres aceptadas para brindar desahogo y distracción a la concurrencia masculina.

En ellos los músicos, por la estabilidad laboral, empezaron a formar las primeras orquestas más o menos estables.

En realidad, se estabilizó el número de instrumentos musicales, no los músicos que los ejecutaban, brindando así un mínimo de musicalidad, repertorio y ritmo aceptados por el público concurrente.

Los músicos ya no dependían del platillo, sino que eran pagados por los propietarios de los locales.

Otros lugares muy populares fueron los pertenecientes a conocidas y trascendentes mujeres de la vida, siempre citadas por la actividad desarrollada en sus casas (prostitución), adornadas con anécdotas que han dejado algunos de sus concurrentes asiduos.

Fueron ellos la casa de María la Vasca, la casa de Concepción Amaya llamada Mamita, o la de Juana Rebenque, ubicada en el Barrio de las Ranas.

Otras casas menos famosas, pero dedicadas a la misma actividad, fueron las de la Parda Adelina, la China Rosa, la Vieja Eustaquia, la de Elvira Lastra y la de doña Augusta, quedando sin mencionar más de doscientas, rescatadas por el rastreo en los documentos del censo nacional de 1869, y en la documentación del Archivo Histórico Municipal.

En esos ambientes prostibularios nacieron tangos como *El Queco, Sacudíme la Persiana, Cobráte y Dame el Vuelto, La Cara de la Luna* y otros más, que tenían directa referencia en sus denominaciones originales al cuerpo de la mujer, a su oficio o a particularidades muy personales, hoy incomprensibles, al desaparecer el entorno social que los abarcaba.

A menor nivel estaban los burdeles de San Fernando, la Boca, Florencio Varela, Ensenada, la Isla Maciel, San Miguel, Dock Sur, y otros lugares que es largo mencionar.

A un nivel intermedio entre las mencionadas *casas* y los prostíbulos del suburbio estaban las llamadas academias, que daban lecciones de baile al mismo tiempo que brindaban oportunidades para el comercio sexual, en una mezcla muy difícil de separar.

En ellas, como en los locales hasta ahora mencionados, antes del siglo se escuchaban mazurkas, polcas, valses, cuadrillas, chotis, pasodobles y el incipiente tango.

Entre sus nombres rescatados figuran los de Corral, Argerich, Prince, Garay, Lucía y muchas más.

Merece un párrafo aparte La Red, de San Telmo. Este local ha pasado a la historia por ser casi el único donde la música brindada era bailada entre hombres solos, pues la reputación que tenía el local era tal, que no había mujer que se animara a concurrir. Otros especiales eran El Pasatiempo o el local de Tancredi, ambos mezcla de cafés, peringundines y prostíbulos, donde la música y el baile eran complemento de esta última actividad o del juego clandestino que en ellos se practicaba.

A la prosperidad y popularidad de las academias de baile, le sucedió la de los trinquetes, canchas de pelota a paleta, donde se brindaban bebidas, se permitía la concurrencia de mujeres y apuestas por dinero sobre el resultado de los partidos disputados.

Competían por la concurrencia con las llamadas *casas de confianza*, que tenían la característica de ser semipúblicas, pues su acceso estaba restringido a determinados niveles económicos y sociales de los concurrentes.

La mayoría de los primeros establecimientos citados estaban diseminados por toda la ciudad, con algunas zonas de mayor concentración, como eran el llamado Paseo de Julio, hoy Alem, y las paralelas que se extendían hasta Ayacucho, pero que tenían como límite Sarmiento y Tucumán. Las *casas de confianza* eran también llamadas casas de *mujeres ventiladas*, por la poca ropa que llevaban para atender a los clientes.

Esta designación era un eufemismo utilizado para disimular y dar una cierta categoría a los prostíbulos.

Respecto a los conventillos existentes en Buenos Aires entre 1869 y 1935, es imposible dar una nómina estimada de ellos por la excesiva cantidad de lugares, pero un panorama general de los mismos se encuentra en *Tango, Testigo Social*, donde se hace una recopilación y síntesis de informaciones diversas, especialmente censales y donde se los estudia como refugio del tango en sus patios y de músicos y mujeres en sus habitáculos.

Otra fuente orientadora es la nómina de conventillos plegados a la huelga de 1907.

Respecto a lo que podemos llamar la clase media de fin del siglo pasado es posible citar al salón La Argentina, la Casa Suiza, Salón La Cavour, Unione e Benevolenza, Salón Peracca, mientras Patria y Laboro desentonaba con ese ambiente, pues tras la apariencia de respetabilidad cobijaba a punguistas, oportunistas, descuidistas, escruchantes y agresivos compadres, como a mujeres de avería, *destapadas o ligeras*, como se las solía llamar.

Lo insólito de este último lugar era que abría los lunes, coincidiendo con el día o, mejor dicho, la noche libre de las mujeres de los prostíbulos, quienes al concurrir tenían doble oportunidad. Una para bailar y distraerse, y otra para hacer una *changuita* extra, si era posible. Fue también un lugar muy frecuentado por la Moreira, que escapaba así a la sordidez de otros ambientes a los que concurría a diario.

Primeros músicos

Es posible rescatar los nombres de quienes se destacaron como intérpretes de algunos instrumentos. Por ello se puede indicar como guitarristas a: El Pardo Canevari, El Pardo Emiliano, El Ciego Rosetti, El Ciego Aspiazu, los hermanos Manuel y Fermín Ruiz, Gabino Navas (destacado payador), Gabino Gardiazábal, etcétera.

Como flautistas es posible mencionar a Juan Firpo, Francisco Ramos, Lorenzo Capurro, El Crespo Emilio Villelcho y algunos otros menos trascendentes.

Entre los clarinetistas figuraron Arturo Gandolfi y Juan Pérez. Entre los contrabajistas, hay que mencionar los nombres de Don Vicente, cuyo apellido se ha perdido, y el de Andrés Espinosa.

Por su parte, los pianistas más destacados fueron Harold Phillips, Pancho Nicolini, Roncallo, Araujo y otros nombres perdidos e irrecuperables, como la mayoría de los músicos pioneros.

Por su parte, los bandoneonistas más importantes de la primera época, y posibles de rescatar del olvido, fueron Domingo Santa Cruz (p) y Domingo Santa Cruz (h), Pedro Avila, El Pardo Sebastián Ramos Mejía, Tomás Moore, El Sargento Gil, El Lombardito Máximo, "Cabo", "Cocó", Mazzuchelli, Chappe, Zambrano, Solari, Vázquez, Rosendo Mendizábal, El Ciego Ruperto, Ramos, etcétera.

Primeras orquestas

Es posible bosquejar la composición de las primeras orquestas, que en realidad deben ser llamados conjuntos musicales, pues carecían de la estructura de toda verdadera orquesta, al mismo tiempo que de continuidad.

Esas agrupaciones se formaban casi siempre con violín, flauta, clarinete, arpa y acordeón, pero con muchas variantes.

Por ello predominaron, en los lugares donde brindaban música y baile, los dúos y tríos, que eran más fáciles de formar y mantener.

Era más fácil coordinar citas y repertorios entre dos o tres músicos que entre grupos numerosos, pues había que combinar horarios de acuerdo con las otras ocupaciones, estilos musicales, tiempos y armonía interna. Por ejemplo, entre dos guitarristas, quién era la primera y quién aceptaba ser segunda.

En el período inicial, los músicos *ejecutaban piezas de dos o tres partes, agregándoles a veces, algunas cosas que las inventaban en el momento de la ejecución.*

Ello corrobora lo sostenido antes respecto a la ejecución mnémica y a la incorporación de partes creadas de manera repentista, intercalándolas mientras se ejecutaba la pieza recordada.

Esto es lo que enriqueció a la música y los músicos iniciales, por la libertad creadora que tenían.

Dado el influjo de la cultura musical europea difundida por los músicos de ese origen y por el Conservatorio Gutiérrez (el primero que existió) y los sucesivos, la generación de músicos analfabetos fue sucedida por la de músicos letrados musicalmente. Con ello se logró mejorar y elevar la calidad de las composiciones, pero se perdió la creación repentista mientras se ejecutaba, quedando reservada a las composiciones llevadas al pentagrama. En realidad, los grupos musicales formados a fines del siglo pasado y años iniciales del presente, fueron bandas, cuyo modelo eran las bandas militares y como en ellas, predominaron los instrumentos de viento, las ropas con alamares, al estilo húngaro o germánico, faltando los instrumentos de cuerdas casi por completo.

Esta característica ha de cambiar por completo, al introducirse el bandoneón y el piano.

Al mismo tiempo fue posible ir formando conjuntos musicales que se acercaban a la formación definida como orquesta.

Es por ello que se produce en los conjuntos o agrupaciones musicales el desplazamiento o reemplazo de instrumentos.

Así, el arpa y el acordeón cedieron lugar a la guitarra y al bandoneón. También se dio el caso de algunos músicos, que, buscando mayor sonoridad, incorporaron la guitarra de nueve cuerdas y de la que dejó buen recuerdo Aspiazu, en el tiempo de su actuación en el Hansen.

Esto no significó la desaparición de tríos o dúos, sino que los fortaleció, pues al mejorar la calidad musical de sus integrantes se pudo ofrecer al público mejor música para escuchar y para bailar.

Es en este período que se difunde la fama de Juan Maglio, Augusto P. Berto, del *tano* Genaro R. Espósito, *Garrote* Vicente Greco, Eduardo Arolas o Arturo Lavieja, pues fueron contratados asiduamente para animar las reuniones en trinquetes, academias, peringundines, prostíbulos, cafetines y cafés barriales.

Los registros fonográficos que subsisten, de los primeros grupos que grabaron, permiten apreciar que el sonido es más agudo que el actual.

Ello se debe, en parte, a los instrumentos utilizados y, en parte, al pobre sustento tecnológico de las grabaciones.

Esa agudeza se va perdiendo a medida que se van reemplazando instrumentos y mejorando la tecnología usada para hacer la grabación.

Al mismo tiempo es posible apreciar el ritmo alegre, ágil, juguetón, del tango inicial.

Primeros tangos

A esa primera generación de músicos dedicados al tango se deben composiciones como *El Queco, Sacudíme la Persiana, Sargento Cabral, En el Séptimo Cielo, Muela Cariada, La Metralla, Muy de la Garganta, La Cara de la Luna, María Angélica, El Porteñito, El Choclo, La Nación, Venus, Unión Cívica, El Morochito, Pampa, El Entrerriano*, etc., que constituyen la primera generación de tangos que han llegado hasta nosotros, siendo imposible determinar con exactitud la cantidad y los nombres de todos los tangos compuestos y no llevados al pentagrama, o a la placa de grabación.

Al no ser llevados al pentagrama ni a la placa de grabación, muchos son los olvidados o perdidos. Además, y como anécdota, cabe agregar que muchos de estos tangos iniciales fueron bautizados con modalidades del ambiente prostibulario, carcelario o conventillero, en un lenguaje que se puede llamar lunfardesco, lo que ha hecho que se pierdan en el olvido tanto el nombre como las músicas respectivas y las letras cantables, si es que las tenían.

El conventillo como crisol

De acuerdo con la información suministrada por el *Resumen Estadístico del Movimiento Migratorio de la República Argentina 1857-1924*, el porcentaje masculino en general, entre ambas fechas, es del 70%, pero el correspondiente aporte entre los 20 y 49 años, entre los varones, representó el 62%, entre los argentinos.

EL COMPADRITO Y EL TANGO

La tasa de masculinidad en el Censo de 1895 era de 172,5 para los extranjeros y 97 para los nativos.

Para 1914 los extranjeros registraban un nivel de 166,6, mientras los nativos registraban 99,2, lo que indica para la última fecha censal un 60% en más, a favor de los hombres extranjeros sobre los nativos.

Por su parte, las mujeres argentinas sumaban para 1895 503,9 mil y las extranjeras 225,8 mil, siempre considerando la franja que las comprendía entre los 20 y los 49 años, como a los hombres.

Ambas cifras daban un total de 729,7 mil. Para 1914 sumaban en conjunto 1.437,1 mil.

La situación desfavorable de los hombres nativos frente a los inmigrados, se aprecia mejor por estos porcentajes: en 1895 representaban el 15,68% y para 1914 el 15,59%. En esas fechas censales los varones extranjeros significaban el 42,87% y 42,04% respectivamente.

A su vez, las mujeres argentinas en las misma fechas censales eran: el 17,08% y 22,48% y las extranjeras 22,48% y 22,94%. La proporción de extranjeros por cada 100 habitantes era en 1869, de 40,9; para 1895, 52,2 y en 1914 de 50,5 en la Capital Federal.

En cifras totales o en porcentajes, la situación de la población nativa frente a las olas inmigratorias era de muy clara inferioridad, que se manifestaba en los rubros de actividades, especialmente en comercio y servicios, pues para 1895 los argentinos abarcaban nada más que el 18%, mientras los extranjeros totalizaban el 39,7%, o sea, el doble.

Ello significó que por cada argentino que buscaba trabajo o estaba ocupado, había dos extranjeros que también lo hacían.

En cuanto al servicio doméstico los nativos eran el 4,9% mientras los extranjeros significaban el 9,7%, manteniendo la proporción anterior.

Todo lo anterior indica de manera muy clara que la presión social ejercida por la inmigración sobre los nativos, en la Capital Federal, fue muy grande.

Una prueba de esta presión fue el desplazamiento de la mano de obra de origen negro, en los menesteres más humildes, por inmigrantes recién llegados, que necesitaban con mucha urgencia ingresos monetarios para solventar sus necesidades mínimas.

Toda esa población necesitó ubicación para vivir y la ciudad no tuvo otro lugar que los conventillos que florecieron a alta tasa de construcción en todos los barrios.

A ello hay que agregar que la cantidad de inmigrantes entrados y radicados fue netamente masculina y soltera.

Esta suma de circunstancias dio como resultado una demanda masiva de comida, alojamiento y sexo. Los censos antes mencionados indican que los alojamientos baratos (conventillos), como las casas de comida rápida y también barata, se multiplicaron entre 1869 y 1914 en proporción de 1 a 3 para los primeros, y de 1 a 7 para las segundas, superando con largueza la tasa de crecimiento de la población, pero demostrando al mismo tiempo que ambas, casa y comida, eran negocios lucrativos.

En cuanto al sexo, en este caso prostíbulos, esas fuentes no informan nada o casi nada –salvo el de 1895–, pero en el Archivo Histórico Municipal hay suficiente información, para poder establecer un crecimiento entre ambas fechas de 1 a 8, demostrando una demanda creciente y constante, al mismo tiempo que un negocio floreciente.

La suma de muchas de las condiciones vigentes en la sociedad de esos años, hizo que el conventillo se transformara de lugar para vivir muy precariamente, en crisol de razas y de idiosincrasias.

El conventillo, además de los aspectos negativos que reunía, como eran la falta de higiene, privacidad, al tiempo que fomentaba los chismes e injerencias en la vida ajena, presentaba la ventaja de dar residencias mínimas a precios módicos o, por lo menos, posibles de ser pagados por un obrero con un salario promedio.

Dejando de lado estos aspectos negativos y materiales de la

vida diaria, otros rasgos del conventillo hicieron de éste el gran crisol donde se fueron fundiendo y refundiendo los orígenes étnicos y lingüísticos más dispares y opuestos, hasta formar un tipo humano y un lenguaje común para todos los habitantes, que es el habla singularmente porteña que caracteriza y distingue al habitante de la gran capital.

En un momento, ese proceso de interrelación recíproca, que es la transculturación, fue ridiculizado en la literatura y en el sainete o el grotesco, presentando personajes atrabiliarios en las ropas, decires y el habla llamado popularmente *cocoliche*.

Ese lenguaje fue incorporado parcialmente algunas letras tangueras para ser brindadas al gran público, como luego fueron incorporadas palabras del lunfardo, pero ni uno ni otro son la totalidad del habla porteña, pues ésta mantiene las raíces del castellano, adaptadas a la realidad cotidiana.

Ese es el lenguaje considerado grosero y repugnante que, llevado a la escena porteña, ha merecido adjetivos muy acerbos por historiadores y críticos de la importancia de Bosch, ya citado en estas páginas.

Al mismo tiempo que la Argentina en general, y Buenos Aires en especial, se fue poblando con los miles de inmigrantes que llegaban, se fueron cambiando, transformado, las formas externas de las construcciones, las comodidades internas de las casas dedicadas a ser viviendas, los medios de transporte, los negocios internos y externos al abrirse el puerto y la producción al mercado internacional, todo en nombre del llamado *progreso*.

Ello también influyó para que aparecieran correlativamente al sólido concepto del materialismo liberal oficialista, los conceptos opuestos, como eran el anarquismo, el socialismo y luego el comunismo.

Sin embargo, es necesario reconocer que junto a los defectos y distorsiones impresos al conjunto nacional, por la política liberal, existió un sustrato que ha rendido importantes frutos, como es la enseñanza escolar gratuita y obligatoria.

Era una enseñanza memorista, que no formaba a la gente para razonar ni deducir por cuenta propia, pero que tuvo la ventaja sobre lo existente con anterioridad, de dar una base educativa y cultural muy amplia: la de saber leer, escribir, sumar y restar a niveles nunca soñados por los más optimistas de nuestros gobernantes.

Lo mismo es posible decir del Congreso Pedagógico convocado en el primer gobierno de Julio A. Roca, que es donde están las raíces de la Reforma Universitaria de 1918.

Ese progreso material acompañado con la alfabetización de las grandes masas, al mismo tiempo que una sensible mejora de las calidades de vida, han de redundar en las primeras décadas del siglo presente para romper las barreras morales que la clase burguesa de nuestra sociedad (clase media alta y clase alta), impusieron a la música proveniente del suburbio, refugiada para subsistir, crecer y desarrollarse, en los cuartos de las chinas, los peringundines, los conventillos y los prostíbulos, creada por muchos de los elementos humanos que tenían el cuchillo como instrumento de trabajo y la cárcel como residencia temporaria.

La llamada sociedad alta estructuró un frente muy sólido para impedir la difusión de la *música arrabalera*, prohibiendo a sus miembros, no sólo tocar ni bailar tango, sino hasta hablar de él.

Esa cerrada negativa se debió a que la música *olía a chusma* y quienes la bailaban eran pobretones, delincuentes y prostitutas.

Aburguesamiento urbano

El mencionado proceso demográfico, ocurrido al producirse la inmigración masiva e indiscriminada, además de atraer personas, significó un fortalecimiento acelerado de la conciencia burguesa, respondiendo a los patrones sociales y religiosos imperantes en Europa.

Si comparamos la inmigración ocurrida en la Argentina y en Estados Unidos, podemos arribar a dos conclusiones importantes.

La primera es que a la Argentina llegaron en proporción a la cantidad de kilómetros cuadrados, más inmigrantes, y la segunda es que la mayoría de la inmigración arribada a los puertos argentinos, era mayoritariamente católica (española e italiana), mientras en Estados Unidos pertenecía a otras religiones.

A ello hay que agregar que los países europeos estaban estructurados económicamente, en el sistema capitalista, si bien presentaban agudas variantes políticas.

Ambas cosas, catolicismo y capitalismo, estructuraron una moral y una ética en la clase gobernante, que condenaba a priori todo lo que no coincidía con sus principios. No practicaba el liberalismo, lo enunciaba.

Por ello es que el origen y los personajes del tango fueron rechazados y resistidos hasta la segunda década del siglo presente.

Esa moral y esa ética se manifestaron en años posteriores, en la condena y la crítica que afloraron en las letras de muchos tangos hacia la mujer que buscó su liberación, su independencia, su personalidad sin ataduras convencionales.

Algunas de esas letras fueron las correspondientes a los tangos *Flor de Fango*, *Evite*, *Milonguita*, *Margot* y tantos otros que son imposibles de indicar en su totalidad. Todo ello, sintetizado, pero también potenciado en la frase: *La que dio el mal paso.*

El organito

Corrió paralelo a este negocio el de los organitos callejeros, propalantes de música mecánica, que tenían cilindros con las composiciones más popularizadas, formando un rentable negocio la fabricación de esos cilindros que contenían las músicas de los tangos más aceptados por el gusto popular.

Lo mismo corresponde decir de las pianolas. También fue negocio la fabricación de órganos y pianolas para difundir música en las calles, cafés o lugares que no podían costear la actuación de músicos.

También fueron utilizados para animar reuniones populares al estilo de las romerías.

Las marcas de esos aparatos musicales fueron mayoritariamente estadounidenses, francesas, alemanas, inglesas, españolas y muy pocos de industria nacional.

Con el tiempo se creó la industria nacional de rollos, cilindros y organitos, como también talleres de reparaciones, lo que hoy llamamos *service*.

Los adelantos tecnológicos sucesivos fueron reduciendo la importancia musical y social de los organitos, hasta convertirlos en piezas de museos.

Nuevos lugares para el tango

Esas actuaciones coreográficas teatrales con cortes y quebradas, obligó a muchos actores y actrices a aprender a bailar tango, y así poder representarlo en el escenario.

Esas representaciones sirvieron para difundir el tango entre sectores sociales que no lo conocían o conocían mal y por ello impulsaron el aumento de los cafés, cafetines, pistas de bailes e infinitos sitios donde se tocaba y bailaba, casi a diario, el tango.

Pero corresponde indicar que esa expansión y difusión se realizó entre los sectores sociales de la clase media baja y del proletariado.

Cuando los bailarines de tango finalmente se entrelazan, es posible recién la creación de figuras coreográficas mucho más complicadas, al entrecruzarse las piernas; determinar compases de espera por parte de la mujer, lo mismo que giros rápidos del cuerpo masculino para lograr una posición distinta que obligue al desplazamiento que permita el lucimiento de la mujer.

El elemento humano perteneciente a las clases indicadas tenían acceso a lugares humildes y a otros que pretendían tener una cierta categoría, como fueron los prostíbulos regenteados por

Mamita, La Porota, La Mona, María Rangolla, La Vasca, Marieta, Adelina, y muchas otras, hoy posibles de rastrear y conocer por sus largos prontuarios policiales.

A los nombres de lugares indicados antes, es posible añadir más, como fueron en la Boca las *academias* de Necochea 191, Necochea 138, Necochea 147, Necochea 116, el café ubicado en el mercado de Suárez al 200, el Crucero, o el café de Olavarría al 200, o el llamado El Bailecito del Palomar.

Sobre la parte de Barracas al Sur (Avellaneda), se pueden mencionar La Estrella, El Farol Colorado, famosos prostíbulos bonaerenses, y se continúa la cita en territorio de Buenos Aires, con la Cancha de Rosendo, La Pajarera, El Bailetín, El Palomar, La Alpargatería, Café del Vasco y La Paloma.

Había lugares de baile a razón de $0,05 o $0,10 por pieza, como eran los situados en Viamonte y Larrea, Gascón 1150, en Thames 500, Cuyo 700 o el Dorado.

Ya más para el lado céntrico, en Viamonte y Uriburu actual, La Olla Popular, Sarmiento al 1200 de hoy, para pasar a otros de mejor categoría como El Gato Negro, La Argentina, que se encuentra en la calle Rodríguez Peña, frente a La Casa Suiza, refugio temporal de la subsistente población negra o negroide, el Z Club, Peracca y locales de colectividades extranjeras como son Unione e Benevolenza, Patria e Lavoro, Lago di Como, La Cavour, que se agregaron al ya siempre citado Prado Español; cafés como el Tupí Nambá, El Pagés, El Estribo, El Germinal, El Quijote, Los 36 Billares, los Inmortales, El Unión, El Debate, Los Sonámbulos, etcétera.

Impulsados por el auge de esta nueva música, muchos teatros abrieron sus salas para realizar bailes de carnaval con orquestas de tangos, como fueron La Opera, El Politeama, El Argentino, El Nacional, El Apolo, El Victoria, o el Marconi, que eran salas céntricas o ubicadas en barrios muy bien urbanizados y no distantes del centro político administrativo que era la Plaza de Mayo.

Otros lugares populares sin nombre comercial fueron los patios de muchos conventillos, como el regenteado por la morena Doña Eustaquia, ubicado en Cochabamba y Sarandí. Allí se bailaba al son de las guitarras de aficionados a las que se agregaban algún violín y alguna flauta. Cuando se armaban trifulcas, Doña Eustaquia tranquilizaba los ánimos con sus gritos y su cuchillo.

En estos ambientes tan variados, el compadrito siempre fue un personaje que animó las reuniones, al mismo tiempo que puso la nota distintiva, con su figura estilizada y su habilidad de bailarín consumado.

Bailarines

Esos lugares de bailes necesitaron para animar a la concurrencia, la presencia de dos actores: las orquestas o conjuntos musicales y los bailarines que dieran el empuje inicial para imprimir lucimiento y animación a la concurrencia.

Es entonces que aparecen los bailarines profesionales, que eran aquellos que cobraban por bailar en público y/o enseñar a bailar en clases particulares.

Algunos de sus nombres ha trascendido y es posible rescatarlos: son El Tano Ponce, El Pardo Santillan, El Moscovita, El Flaco Saúl, El Flaco Alfredo, El Tarila José Giambuzzi, El Cívico, Luis García, predecesores de El Cachafaz (mote de Benito Bianquet), Casimiro Aín, conocido como el Vasco o el Vasquito, La Lora Scarpino, El Gallito Lombardo, Rosendo Mendizábal, El Yesero Sorcio, La Loca García, El Flaco Acosta, El Pavura Cantero, El Mocho Juan Rana, El Ñato Reyes, Petiso Zabalita, El Flaco Enrique Acosta, Enrique Saborido, El Lento Ismael Camartino, el Mocho Undarz, el Rengo Cotongo, y otros que escapan al registro veraz.

Algunos de estos nombres corresponden a reconocidos compadritos que utilizaban el baile para lucimiento de habilidades coreográficas y de la prestancia de su figura.

Otros, por el contrario, usaron esas exhibiciones coreográficas para demostrar en la figura y belleza de su compañera, sus dotes donjuanescas.

Bailarinas

Paralelamente se distinguieron como parejas de esos bailarines, mujeres que sobresalieron por su habilidad para acompañar y crear, por su cuenta, coreografía tanguera. Algunos de sus nombres se han salvado del olvido, pero la mayoría ha desaparecido de los escritos de época y de las citas de los memoriosos.

A pesar de ese inconveniente es posible mencionar a *La Gaucha* Manuela, *La Parda* Flora, *El Tero*, *La Parda* Refucilo, *La Guanaca*, *La Meona* María, Aurora, *La Lechuguina*, Tomasa, Adelina, *La Negra* Pancha, Luisa, *La Gallega*, *La Coronela*, *La Víbora*, Eustaquia, *La Petisita*, Tita, *La Uruguaya* Palmira, *La Culona* Elsa, *La Tana Vieja*, *La Blanca* Aurora y otras, cuyos nombres no han trascendido, al ser reemplazados por motes irreproducibles.

Tanto en hombres como en mujeres, se repite la circunstancia, ya anotada antes, de que muchos nombres se han perdido y subsisten pocos apellidos.

Predominan entre las segundas los motes referidos al origen étnico o a particularidades de sus actividades no bailables, pues la mayoría eran prostitutas que trabajaban en negocios de segundo y tercer nivel, y se presentaban como bailarinas para acrecentar el dinero reunido en cada jornada, buscando también popularidad que se manifestaba en mayor concurrencia a los lugares donde trabajaban a diario.

Sus escenarios de bailes eran los patios de los conventillos, los lugares de espera de los prostíbulos que tenían instalaciones para ello, los salones de cafés barriales, establecimientos dedicados a la música y al baile, como fueron el Velódromo y otros de la misma naturaleza.

ANDRES M. CARRETERO

Otros lugares para bailar tango

A medida que el tango era aceptado por los sectores sociales antes indicados (sectores bajos o pobres de la clase media porteña), más lugares le fueron abriendo sus puertas para permitir que se pudiera escuchar y bailar. Así, en la Boca, los cafés tradicionales como La Marina, El Royal, La Turca, Teodoro, de los Negros, Los Dos Amigos, El Griego, del Pobre Diablo, de Torres, El Argentino, Café Bar La Popular, El Rubí, de la Negra Carolina, Marconi, Garbarino, Las Flores, Bar La Camelia, La Taquera, El Edén, La Luna, convocaron y dieron espacios propicios a los principales intérpretes.

Igual hicieron los lugares de Palermo, llamados Maratón, Belvedere, Armenonville, A.B.C., La Cancha, Café El Pino, La Glorieta, Atenas, Confitería Lamarque, Café Re dei Vini, Venturita, Tontolín y La Paloma.

A estos nombres se pueden agregar el de los Loros, La Morocha, de la Amistad, San Bernardo y los que funcionaban alrededor del Mercado del Plata, como fueron los llamados Cassoulet, El Dorado, Japonés, La Parisina, El Guaraní, que entre cafés, restaurantes y almacenes llegaban a algo más del medio centenar.

Más alejados, por estar en el barrio de Flores, se encontraban El Café de las Orquídeas, la Perla, el Colón. Desparramados en otros barrios se encontraban El Aeroplano, Benigno, La Glorieta y algunos otros rescatados en la labor de los historiadores de los barrios.

En el centro estaban El Estribo, Bar Iglesias, Domínguez, La Oración, Castilla, El Suizo, La Central, El Centenario, Bar Canessa, Bar Exposición, El Feminista.

Por su parte, en Barracas se encontraban La Buseca. T.V.O., El Estribo, Tres Esquinas, La Fratinola, El Vasco.

Para dar una toque final a esta cita de lugares donde se escuchaba tango y se lo bailaba en la medida de las posibles comodidades brindadas, hay que citar las pulperías más recordadas como fueron la ubicada en Tres Esquinas y por ello llamada de esa manera, La Blanqueada (hubo dos con el mismo nombre), y la de María Adela.

A los lugares citados anteriormente como lugares de buen servicio, como el Hansen, hay que agregar el Pabellón de las Rosas, El Monmartre, Maxim, Tabarís, Abbaye y Pigall, sin mencionar los prostíbulos de lujo que casi siempre funcionaban en casas o departamentos, cerrados y restringidos para determinada clientela adinerada, que podía pagar los caros favores femeninos, las bebidas importadas y la música brindada por buenos conjuntos musicales.

En este renglón de exclusivismo hay que agregar los pisos o departamentos utilizados como *cotorros*, reservados para practicar los juegos de naipes, o para la reunión de amigos con sus parejas ocasionales y con ellas hacer *la bacanal*.

A las listas anteriores hay que agregar los teatros reservados al género chico español y porteño, ya indicados antes como el refugio de la chabacanería y mal gusto.

A esos se sumaban locales más pequeños y sin pretensiones, que funcionaban en restaurantes, hoteles o confiterías, teniendo una pequeña platea y un escenario mínimo, propicios para la actuación de un dúo, trío y un cantor, o una pareja de baile, brindando espectáculos variados.

Muchas veces en estos locales la música era ofrecida con pianolas u organitos, pues la precariedad de las instalaciones y de los medios disponibles no daban para más.

Más músicos tangueros

En todos los lugares mencionados y en otros que quedan de lado por la brevedad de las citas, fueron convocados los músicos que se estaban abriendo paso en el gusto popular al consagrarse casi por completo a brindar música de tangos, complementando sus repertorios con otros ritmos, también muy populares.

Entre esos músicos convocados que tienen la particularidad de ser compositores pioneros, hay que mencionar a Angel G. Villoldo, Alfredo E. Gobbi, quien actuó coetáneamente con el anterior en París.

También corresponde hacer referencia a Rosendo Mendizábal, por sus composiciones, que ha quedado ligado a los nombres de varias *madamas*.

De los primeros basta nombrar a El Entrerriano. Le siguen Alfredo A. Bevilacqua, José L. Roncallo, Manuel O. Campoamor, Enrique Saborido, Prudencio Aragón (El Johnny), Anselmo Aieta, Antonio Arcieri, Eduardo Arolas, Adolfo R. Avilés, Agustín Bardi, Juan C. Bazán, Augusto P. Berto, Ricardo Brignolo, Miguel Caló, Francisco Canaro, Juan C. Cobián, Arturo de Bassi, Samuel Castriotta, Francisco y Julio De Caro, Juan De Dios Filiberto, Alpidio B. Fernández, Edgardo Donato, Roberto Firpo, Alberto Gambino, Angel Greco, Roberto Goyeneche, Manuel Jovés, Pedro Laurenz, Carlos H. Macchi, Pedro Mafia, Teófilo Lespes, el siempre recordado Juan Maglio (Pacho), José R. Marmón (Pepino), Salvador Mérico, José L. Padula, Peregrino Paulos, Alfredo Pelaia, Eduardo Pettorossi, Ernesto Poncio, Francisco Pracánico, Cayetano Puglisi, Juan Razzano, José M. Rizzuti, Enrique Saborido, Alberico Spátola, Antonio Sureda, Luis Teisseire, Rafael Tuegols, Elvino Bardaro, a los que hay que agregar los nombres de figuras femeninas pioneras como fue Paquita Bernardo.

De todos estos nombres es posible sacar algunas conclusiones importantes, pero la principal es que los conjuntos en los que actuaron o dirigieron fueron mayoritariamente cuartetos formados por bandoneón como instrumento centralizador, piano, y violín.

El piano desplazó en el tiempo, musicalmente, a la guitarra y a la flauta. Ese trío fundacional se amplió al duplicarse el bandoneón y el violín para formar el *quinteto típico*, que pasó a ser sexteto al incorporarse un contrabajo como elemento percusionista.

Hasta que el grupo musical fue cuarteto, el peso de la musicalidad estuvo radicado en el bandoneón, que no impidió el lucimiento de otros instrumentos incorporados de manera esporádica, o más o menos permanente, como fueron el clarín de Bazán, la guitarra de Domingo Salerno, la flauta de Luis Teisseire o el contrabajo tocado por Thompson.

Tango y circo

La función social desempeñada por el circo, a fines del siglo pasado, y su íntima relación con el teatro nativo o criollo, han sido muy bien estudiadas por varios autores, pero a pesar de ello es necesario remarcar, que para esa época, la llegada de un circo a los pueblos de la campaña bonaerense o de otra provincia, significó *el gran acontecimiento*, que conmovió y revolucionó a toda la población, pues aportó novedades insólitas como la del equilibrista, payaso, tragafuego o malabarista.

La misma conmoción estuvo presente en muchos barrios porteños, que en realidad eran suburbios o extramuros no urbanizados; las carpas se instalaban en potreros o descampados como los existentes en Humberto Primo y Ceballos, Montevideo y Sarmiento o Tucumán y Libertad.

Esos circos, además de las pruebas de destreza o humorísticas, ofrecían al público adaptaciones de obras pertenecientes al género chico español, *recicladas*, diríamos hoy, a la realidad social del público espectador.

La que obtenía mayor adhesión fue *Los Bandidos de la Sierra Morena*, pues ofrecía en muy apretada síntesis buena parte de los temas que más conmovían, como eran la prepotencia de las autoridades, la reacción del indefenso y su redención final ante las injusticias. Fue la antecesora del *Juan Moreira*.

Ese esquema general, simple, pero efectivo y al alcance de la inteligencia media del público, fue sobre el que se armaron la mayoría de los dramones presentados, entre los que se deben mencionar al *Juan Moreira*, como el prototipo de escenificación circense, que se estrenó bajo la carpa del circo de Podestá, en Chivilcoy, el 10 de abril de 1886.

Es a partir de esta fecha, que el llamado *zarzuelismo criollo* ha de sentar sus reales, para delicia de la población rural o urbana.

Ese tipo de representación teatral, despojada muchas veces de infraestructura sustentadora, fue la que abrió las posibilidades para el ingreso del tango a las pistas circenses, transformadas en tablados campesinos.

Así fue que los hermanos Podestá pusieran en escena (1898), la obra *Ensalada Criolla*, en cuyo desarrollo se cantaba y se bailaba un tango, todavía sin la pareja entrelazada.

Es a partir de entonces, que se abren las posibilidades de una nueva vía de difusión popular del tango, pues las carpas del circo ampararon no sólo a los trapecistas, equilibristas, o payasos, sino también a los guitarristas sin destino fijo, que andaban de pueblo en pueblo, a los payadores, y también a los músicos y cantores de la música eminentemente ciudadana que iba penetrando de manera muy lenta, como por ósmosis en el cuerpo de la población.

Pero los circos, a lo anterior, agregaban el escenario para los compadritos cantores y payadorescos que utilizaban el refugio de la lona, para dar a conocer sus producciones poéticas y musicales, en verdaderos conciertos inorgánicos.

En una muy breve cita de circos concurridos por compadritos para actuar y ver actuar a sus congéneres se pueden mencionar a la ligera, y sin pretensión de agotar la lista: Circo Recreo, en Canning 2041; Circo Humberto Iº, en San Juan y Catamarca; Circo Centro América, en Santa Fe y Centro América; Circo Pabellón Argentino, en Necochea entre Industria y Alegría; Circo Pabellón Oriental, en Avenida Las Heras entre

EL COMPADRITO Y EL TANGO

Andes y Azcuénaga; Circo Italo Argentino, en Bustamante y Humahuaca, etcétera.

La mayoría de los compadritos intervinientes como cantores o compositores musicales, como también payadores, a fines del siglo pasado y principios del actual, se caracterizaban por ser analfabetos y por lo tanto destacaban sus presentaciones con las improvisaciones.

Al mismo tiempo hay que destacar que muchos de los payadores de la época (Pablo Vázquez, Higinio Cazón, José Betinoti, Pachequito, Pajarito, Ambrosio Ríos, Giovannelli, Arturo de Nava, Luis Prieto, Gabino Ezeiza, El Chileno Spíndola y muchos más) también fueron compadritos que dejaron bien sentado su prestigio como tales, desde los circos barriales y pulperías suburbanas hasta los teatros céntricos.

No faltaron en estas concurrencias circenses algunas mujeres adelantadas a su época, como fueron Margarita Mendieta, Aída Reina y Paquita Avellaneda, quienes de estilos, chacareras y vidalas pasaron al tango.

Una muestra de su condición de compadritos de estos intervinientes en los circos, sin importar la categoría o importancia de los mismos, es que se ofrecieron siempre de manera gratuita para realizar presentaciones en homenaje a personajes fallecidos, en ayuda de las viudas o de los hijos menores, como fue la gran presentación de muchos de ellos en la carpa del Circo Anselmi, en beneficio a la viuda de Cazón.

Con mucha razón Raúl H. Castagnino ha dicho, al referirse al grado de cultura y de los ambientes de los compadritos y payadores, que su lenguaje era una extraña mezcla *de jergas apicaradas, lunfardismo, vulgarismos a granel y gramática parda.*

No podía ser de otra manera por la extracción social de todos y cada uno de ellos. Cabe agregar que tanto compadritos como payadores, en sus actuaciones bajo las carpas de los circos, ofrecieron al público, hasta bien entrada la década de 1910, muchos temas camperos y muy pocos tangos, para, progresivamente, invertir los géneros, hasta convertirse los primeros en puros cantores tangueros.

Más tangos iniciales

Posiblemente el primer nombre que se divulgó casi sin límites, fue el llamado *Queco*, o *El Queco*, que según algunos era el adecentamiento del nombre dado al prostíbulo.

A este nombre se lo deriva de un tango andaluz llamado *Quico* y cuya letra se adaptó a la idiosincrasia porteña.

A ese tango (su versión de Quico es el sobrenombre que se da a los Franciscos), le siguieron *Señora Casera, Al Salir los Nazarenos, Andáte a la Recoleta, Dame la Lata, Bartolo, Señor Comisario, El Palmar*, y muchos otros cuyo nombre original se perdió o fue adecentado como *Sacudíme la Persiana, Cobráte y Dame el Vuelto, La Cara de la Luna, El Choclo, Cara Sucia, Tierrita, La Chacarera* y muchos más.

Todas esas designaciones corresponden al período en que el tango encontró en los inquilinatos, prostíbulos y en los ambientes carcelarios su refugio temporal.

Lo mismo ocurrió cuando sus autores tuvieron cuentas con la justicia o las pagaron pasando una temporada en la cárcel, pues además del título, las letras reflejaron el argot o lunfardo carcelario.

A medida que incursionó en otros ambientes más elevados en la escala social, fueron apareciendo otras composiciones con títulos referidos a cuestiones políticas como *Unión Cívica*, personajes destacados como *Don Juan, Don Esteban* o temas patrióticos como *Sargento Cabral, Independencia, 9 de Julio*, nombres de studs, de caballos de carrera, de negocios importantes como *A la Ciudad de Londres* (tienda muy surtida y elegante), *Gath y Chaves* (igual que la anterior), *Caras y Caretas* (importante publicación periódica), *La Nación* (el diario de Mitre), *Pineral* (una bebida y

EL COMPADRITO Y EL TANGO

nombre de un caballo), a médicos destacados o a hospitales donde alguna vez debieron acudir o estar internados los autores.

Superadas esas etapas primeras, los tangos empezaron a ser designados con nombres no irritantes ni molestos para los oídos de la clase media-media, ni para los de la clase alta.

Es entonces que aparecen *El Porteñito, El Mayordomo, La Morocha, Mozos Guapos, Mi Noche Triste, Felicia, El Irresistible, El Pollito, El Caburé, Una Noche de Garufa, El Cachafaz, El Flete, El Aeroplano, Champagne Tangó, Vea .. Vea, La Biblioteca, Matasano, 18 kilates, El Taura, Entrada Prohibida, Hotel Victoria,* etcétera.

Siguiendo los nombres de los tangos y ubicándolos cronológicamente es posible delimitar las distintas etapas o tiempos sociales, pues los autores, por su intermedio, fueron la expresión del medio social en que vivieron.

Casas de baile

En el período considerado –1880-1920– el prestigio alcanzado por la casa de María la Vasca, ya mencionada antes, hizo que proliferaran otras *casas* con el nombre de la mujer más importante, como madama o propietaria, o sea, la que dirigía el negocio.

Por ello es posible encontrar en los documentos del Archivo Histórico Municipal, los nombres de María la Negra, María la Leona, María la Mechona, María la Larga, María la Ligera, Emilia Castaña, Juana de Dios, Mariana Manfredonia, Leonora Mercocich, Consuelo Martínez, Elisa Bisa, Paula Petrovich, Laura López, María la Dulce, María la Flautista, María la Juguetona, etcétera.

También tuvieron predicamento entre el elemento masculino y tanguero el Café de Adela, el de Amalia, el de la China Rosa, los bailes de Peracca, los realizados en los Andes, los del Olimpo, los del Elisée, al que la crónica considera como el primer cabaret que existió en Buenos Aires. Estaba situado en los altos del Bar Maipú.

Seguían subsistiendo los cafés de la Boca, Palermo, Barracas y el Centro, antes mencionados, lo mismo que muchos de los trinquetes, academias y peringundines.

El éxito popular y económico del tango en la región del Plata, hizo que muchos músicos porteños viajaran para actuar en Montevideo, de la misma manera que otros, de nacionalidad uruguaya, pasaran a Buenos Aires.

En todos esos lugares mencionados y otros que quedan sin serlo, por lo extenso de la lista que corresponde, se lucieron los bailarines y bailarinas antes indicados.

Pero lo importante en este período de la historia del tango, es que se difundió de manera silenciosa pero firme hasta llegar a algunos sectores de la clase media-media y alta, cuyos hijos jóvenes concurrían a esos lugares de baile y de prostitución en busca del desahogo que la juventud reclamaba.

Por ello es que, con posterioridad, el tango logró ser admitido en la mayoría de la sociedad porteña, aun cuando subsistieran núcleos o bolsones de oposición, rechazo y condena moral.

Rastacueros y belle époque

El sector de la burguesía cometió el error de confundir la posesión de riqueza, con condición suficiente para poder sumergirse material y espiritualmente en el ambiente soñado y ambicionado hasta lograr la consagración en cuestión social.

Por ello cayó, en las capitales europeas, en el extremo de los gastos excesivos, fastuosos y dispensiosos, como el gesto de un Anchorena, que dio, graciosamente, dinero para restaurar la monarquía española.

Otra demostración de gasto dispensioso fue la compra de *chateau* de madera para hacerlo llegar a la Argentina desarmado y reconstruirlo en sus posesiones de campo, o quintas cercanas a la capital, como es el ejemplo de la casa de Victoria Ocampo.

Esos gastos injustificados le valieron el sobrenombre despectivo de *rastacueros* (*rastaquouère* en francés), que se aplicó en general a todos los sudamericanos que llevaban un nivel de gastos dispendiosos, pero carentes de los niveles de cultura, educación y relaciones sociales propios y naturales de la clase que formaba la esencia de la *belle époque*.

Esas falencias fueron equilibradas con adquisiciones de obras de arte, o con un nivel de vida superior a la llevada por la clase dirigente.

La sorpresa de esa clase argentina fue encontrar que la ciudad de París, o por lo menos un sector social, tenía vida social y nocturna muy agitada en torno a manifestaciones exóticas, que iban de lo rufianesco a lo extraño, cuando no a lo perverso.

Ese sector parisino había aceptado al tango argentino en sus mejores salones familiares y lugares sociales de mayor respetabilidad.

Era bailado, aplaudido y festejado, cuando esa clase viajera adinerada en búsqueda de prestigio y distinción, lo despreciaba y condenaba por ser música y baile de la clase social más baja, trabajadora en actividades serviles, cuando no personificada tanto en los músicos creadores, como en los intérpretes o bailarines, por hombres y mujeres con cuentas con la justicia, que vivían en conventillos y eran prostitutas o rufianes.

En esos momentos (1912), había en París muchas academias de baile para enseñar a bailar tango –unas 100–, con sus respectivos bailarines que actuaban como maestros. Para los parisinos, la cadencia tanguera tenía el encanto de lo exótico.

También muchos cafés contaban con grupos musicales pequeños o grandes que lo difundían. El año 1912 encuentra a nuestro tango dueño absoluto de París.

Fue para entonces que llegaron a la ciudad gala muchos

argentinos dispuestos a oficiar de maestros de baile, para reemplazar en la enseñanza a parisinos, rusos, germanos y polacos que habían abierto casas o academias para enseñar a bailar el tango.

Estilo de vida "Tango"

Entre esos maestros se destacó Saborido, pero como antecesores estuvieron los Gobbi y Villoldo. Esta popularidad de la música popular de Buenos Aires se expresó en la designación de muchas cosas o modalidades como propias del tango.

Por ello aparecieron modas tango, fumaderos tango, sacos, sombreros o polleras tango, formando un conjunto de *le dernier cri de la moda tango.*

El vestido tango, por ejemplo, desplazó a la pollera larga y estrecha por la ceñida a la cintura que se abría en una amplia y elegante campana que llegaba hasta los muslos o las rodillas, evocando la forma de un chiripá femenino. Esa moda cambió la forma de caminar, que se dio en llamar *paso tango.*

Esta consagración parisina del tango argentino llamó la atención a muchos de los viajeros y ya de regreso, se mostraron dispuestos a rever el rechazo y la condena ética hacia esa música popular.

Paradójicamente, el triunfo popular del tango en París y, subsecuentemente en la mayoría de las capitales europeas, significó un cambio en el ritmo.

De ágil, rápido y vivaz, pasó a ser melancólico, lento, melodioso y acompasado, propicio para marcar los tiempos lisos con muy pocos cortes o quebradas.

De una música propia de la clase pobre y trabajadora, que imprimía un ritmo de baile rápido y continuo, como eran sus urgencias para solventar las necesidades materiales, pasó a ser una música de ritmo lento y acompasado acorde con el estilo de vida ordenado y carente de sobresaltos o cambios bruscos, propios de la clase acomodada, de todas las capitales europeas.

Tangos "decentes"

La generación de composiciones que sucedió a la primitiva, que reflejaba en sus designaciones el ambiente de donde provenía y la calidad de sus protagonistas, fue propia de la clase media baja.

Al aparecer nuevos nombres, más acordes con los nuevos ambientes (clase media baja), donde se empezaba a escuchar y bailar tango, es posible hablar de una segunda generación de tangos que arranca su nacimiento al borde del siglo actual y que se jalona en nombres como *Venus* (Bevilacqua), *La Morocha* (Saborido), *El Otario* (Metello), *El Choclo* (Villoldo), *El Incendio* (De Biasse), etcétera.

Esta generación de tangos tiene tres nuevas características distintivas como son:

1) Sus compositores tienen la condición de ser en su mayoría músicos letrados en materia musical, por haber estudiado y aprendido, de manera sistemática, música.

Muchos lo hicieron con instructores poco idóneos pero suficientes para inculcar las nociones básicas y elementales.

Otros concurrieron a Academias Musicales o Conservatorios. Algunos de ellos fueron directores de importantes conjuntos o directores de destacados centros de enseñanza (Cinaglia, Spátola, Hargreaves, de Alarcón, Roncallo, etcétera).

2) Corresponden a la etapa transicional entre la música campesina nativa (tango criollo) y la urbana (tango canción), por lo que la mayoría de la producción de tangos refleja en sus títulos o en sus letras ese contenido híbrido, al no llegar a ser el reflejo de las calles del suburbio ni de los barrios semiurba-

nizados, pero sí de los campos, o por lo menos, del suburbio semirrural.

3) Los conjuntos musicales que los interpretan, además de contar con músicos de aceptable formación musical, tienen la característica de la estabilidad laboral, por lo que ya puede hablarse de las orquestas típicas de determinado director. Esto no implica la inmovilidad total entre los músicos.

Paralelamente, las composiciones musicales de los llamados maestros clásicos de la *música seria*, como fueron los integrantes de la llamada *Generación del Centenario*, cuyas fechas de nacimiento oscilan en las dos últimas décadas del siglo pasado y con producciones que se conocieron entre 1910 y 1916, no alcanzaron la difusión popular de un Villoldo ni de un Gobbi.

Ello no implica que no pudieran llegar a producir composiciones de tango como *Qué Titeo, No Señora, Voy torcido o Germaine*, de Juan J. Castro, Pedro Sofía o López Buchardo, respectivamente.

También es de hacer notar que en esa segunda generación de tangos intervinieron inmigrantes radicados, y muchos de ellos vinculados con la vida artística teatral, que incorporaron el tango a las piezas del género chico español o criollo, como fueron Francisco Payá, José Carrillero, Eduardo García Lalande o Gabriel Diez.

También esta etapa sirvió para consolidar el prestigio y la popularidad de lugares, como fueron las carpas de los circos de los Podestá o de Raffeto, u otros menores en la trascendencia general; de teatros como Politeama, Casino o Apolo, caracterizados por las obras picarescas puestas en escena; salones de baile como el llamado Salón de la China Rosa, Palais de Glace, el ya mencionado Pabellón de las Rosas; restaurantes como El Americano, Benjamín, Doria, Cantábrico y El Bonito; confiterías como El Palacio de los Lagos, Centenario, Real y Parque Goal; casas de baile, tango y mujeres como la siempre recordada Laura Monserrat.

En todo ese contorno social, el compadrito también fue adaptándose a las nuevas condiciones de la ciudad donde trabajaba y vivía.

Fue abandonando de manera muy paulatina los domicilios de extramuros, para radicarse en barrios ya urbanizados, con medios de transporte diurnos y nocturnos, al mismo tiempo que fijaba sus preferencias en locales y lugares donde no era necesaria la exhibición cotidiana de la guapeza, del machismo, pero sí de la prestancia personal y la idoneidad para bailar la milonga y el tango.

Pro y contra del tango

Hombres de las letras argentinas como Enrique Rodríguez Larreta (*despierta ideas desagradables*), ministro argentino en Europa, Juan Pablo Echagüe, Carlos Ibarguren (*producto ilegítimo*), Manuel Gálvez, Leopoldo Lugones, Miguel Cané o Alberto Gerchunoff, coincidieron en la condena ética manifestada por el Papa.

En cambio, la mayoría de los intelectuales y literatos europeos lo aplaudieron y calificaron con términos de sinceros elogios, al mismo tiempo que desde las páginas de periódicos importantes como *Le Figaro*, *La Danse*, o Gil Blas, se esmeraron en confeccionar una lista de lo más selecto de París (en las esferas del arte y la aristocracia), que gustaba, practicaba y defendía al tango.

Se argumentó en Buenos Aires que lo hacían por desconocer los ambientes sociales y los protagonistas que le habían dado origen.

Pero en Europa en general, que estaba viviendo el esplendor de la *belle époque*, esos ambientes y esos personajes, eran el polo de atracción por lo novedoso, por lo picante y por el procaz contenido en la sensualidad de la coreografía.

La condena ética de una música y un baile, fue hecha

aplicando reglas que les son impropias, por ser música y baile, no conceptos morales.

Reconocimiento del tango

El eco llegado a Buenos Aires sobre el éxito del tango en París y en las principales capitales de Europa en general, replanteó en el seno de la clase dirigente el saber dónde y por qué residía la discrepancia.

El tango, para la segunda década del siglo pasado, había entrado silenciosamente en muchos hogares de la llamada clase alta porteña.

Se había introducido por influencia de los hijos que lo conocían de los lugares nocturnos donde concurrían en búsqueda de solaz material y espiritual, contagiando de entusiasmo a los hermanos y demás parientes.

Corresponde aquí recordar lo dicho por Victoria Ocampo respecto al baile celebrado en su casa, donde ante la sorpresa de los padres, la mayoría de los hijos e hijas sabían bailar tango.

Haciéndose eco de las inquietudes de un sector de la clase dirigente, el barón Antonio de Marcchi, yerno y vocero político del ex presidente Julio A. Roca, invitó al Palais de Glace, a una reunión para conocer la opinión que merecía el tango entre los concurrentes. Esa reunión se programó como concurso de tango.

Corría el año 1913, el lugar estaba ubicado en Corrientes 757 y la invitación fue cursada a los miembros más destacados de la alta sociedad, pues figuraban entre sus apellidos los Quintana, Santamarina, Riestra, Roca, Alvear, Lezica Alvear, Anchorena y otros del mismo nivel económico y social.

Se convocó para interpretar y bailar tangos a personajes de la farándula, de la música y del baile, como Saborido, José Espósito, Cesar Ratti, Olinda Bozán y Ovidio Bianquet, el Cachafaz. Se nombró a un jurado que se consideró imparcial, para premiar los tangos presentados.

No interesa, para el resultado final, la calidad de los concurrentes, ni de la música ejecutada. Sí interesa destacar que la clase alta porteña empezó a reconocer que la música y la danza condenadas éticamente, no tenían nada de condenable, que había equivocado sus apreciaciones, y con ellas los juicios condenatorios.

Paralelamente, se habían difundido de manera acelerada los cabarets, cuyos nombres más importantes, que han trascendido, fueron L´Abbage, Armenonville, Tabarís, Monmartre, Maxim´s y otros ubicados en lo que hoy llamamos el microcentro, que fue el centro neurálgico para la consagración de orquestas y cantores.

Por ellos desfilaron Arolas, Cobián, Canaro, Firpo y otros muchos músicos que han dejado sus nombres.

Tango canción

Como se ha indicado antes, el tango canción es la segunda generación en la producción tanguera. Es la que reemplazó a los tangos producidos en la época inicial, cuando la música popular estaba refugiada, y hasta se puede decir aislada, en los numerosos conventillos, circos, pulperías, prostíbulos, carpas y ranchos de las chinas cuarteleras, trinquetes, academias y cafetines.

Por consecuencia directa, sus personajes, músicos o protagonistas eran del mismo ambiente, es decir, proxenetas, prostitutas, jugadores de carpeta marcada, perdularios, lumpen y delincuentes.

Esta segunda etapa está relacionada a la que corresponde al proceso de urbanización progresiva de Buenos Aires y por ello vinculada y entrelazada a la vida semirrural de los distritos circunvecinos.

Esa etapa del tango canción tiene ingredientes de la música

campesina, caracterizada por la melodía lenta y cadenciosa, al mismo tiempo que aglutina elementos pícaros y ligeros de la milonga suburbana, refugiada en las pulperías y almacenes diseminados en los barrios periféricos, todavía no terminados de urbanizar y las zonas que recién empezaban a serlo.

Por ello, algunos protagonistas o personajes de sus letras son criollos que se van despojando de las vestimentas gauchas, para cambiar de manera lenta pero firme, el saco por la corralera y el pantalón por el chiripá o las bombachas.

También coincide con las agrupaciones musicales –tríos o cuartetos– donde predominan el bandoneón, flauta, guitarra, violín y clarinete.

Es la época en que se destacaron Tito Rocatagliatta, Augusto P. Berto, Eduardo Arolas, Graciano De Leone, Genaro Espósito, Félix Camarano, Juan Maglio, Domingo Salerno y Federico Lafémina, con lugares muy típicos en los barrios o el centro como fueron el Almacén del Vasquito Cabezón, T.V.O. en Barracas, Bar Iglesias en pleno centro, Café Garibotto, La Marina, Argentino o de La Turca en la Boca, Café de Los Loros, por los guardias de tranvía, uniformados de verde que lo visitaban, El Estribo, Café de Don Pepe, en San Cristóbal o en las muchas pulperías diseminadas por Buenos Aires.

Esas formaciones iniciales reiteradamente mencionadas, se han de ir puliendo y reestructurando hasta llegar a formar la base considerada fundamental –bandoneón, flauta y guitarra– de la llamada Guardia Vieja.

Algunos de los nombres de los tangos que se pueden rescatar de esta etapa son: *A la Criolla, Bajo Belgrano, Aparcero, El Estribo, El Talar, Mate Amargo, Pinta Orillera, El Talar, Gallo Ciego, La Morocha, Sargento Cabral, Tierrita, El Cuatrero, Recuerdos de la Pampa, La Criolla* y muchos otros, aparecidos al mismo tiempo que composiciones con nombres eminentemente ciudadanos, compartiendo el variado repertorio de las orquestas de aquel entonces.

En esta etapa del tango es cuando el compadrito definió las

prendas de su vestimenta, hasta hacerla clásica: saco y pantalón oscuros, camisa clara, preferentemente blanca, pañuelo al cuello, con bordado en un extremo, zapatos negros, con punta recortada y taco militar y ocasionalmente polainas. El sombrero, llamado *gacho*, oscuro, haciendo juego con la ropa, de ala ancha para doblarla sobre los ojos.

Tango y radio

La fundación de la primera estación de radio semicomercial y semiamateur, que se llamó Radio Club Argentina, o Radio Argentina, dio nacimiento a un nuevo lugar para la propagación del tango.

Una síntesis de la injerencia del tango en estos tiempos iniciales de la radio argentina es la siguiente enunciación de actuaciones radiales: Ignacio Corsini, en sus actuaciones como cantor solista, la orquesta típica de Santa Cruz, el cuarteto bailable de Scarpino, Caldarella, con los hermanos Stalman, Rosita Quiroga como cantante, lo mismo que Azucena Maizani, Carlos Gardel, la orquesta de Francisco Canaro, la orquesta Goyeneche, la orquesta típica dirigida por Oreste Sola, las de Pedro Laurenz, Julio De Caro, Francisco Lomuto, Osvaldo Fresedo, Rossi, D´Abraccio, Lucio De Mare, Carlos Di Sarli, Típica Pomona, Típica Aieta, Típica Víctor, Típica Paramount, (Juan D´Arienzo, Alfredo Mazzeo, Angel D´Agostino y Anselmo Aieta), Típica de Miguel Caló, Típica de Juan Polito, Típica Mignot, Típica Rocco, Típica Díaz-Mónaco, Típica Tromboni, Típica La Criollita, Típica Silliti, en la que cantaba Emilio Fresedo, Típica Antonio Bonavena, Típica Chiericatti, Típica de Augusto P. Berto, Típica Bouturerie, Típica de Enrique Rodríguez, Típica Belluste-Troilo, Típica Olivera-Pocholo, Típica de Alejandro Scarpino, Típica Los Indios, dirigida por Ricardo Tanturi que se hacía llamar Cacique Tamangoré y estaba integrada por estudiantes de medicina, Típica Chapella-Bonano, Típica Rizzutti, típica América, Típica Pampillón, Típica Ponzio, Típica Donato-Cerrillo, Típica Scalasso, Típica Frontera, Típica La Princesita y Típica Severino; el dúo criollo Rosita Quiroga-Agustín Magaldi, Ada y Adhelma Falcón; el cantante Carlos J. Pérez, llamado popularmente Charlo; el dúo Magaldi-Noda, Gloria Guzmán e Iris Marga como cantantes, dúo Las Porteñitas (Dita Vélez-Rosita Quiroga), dúo Chiapori-Riverol, dúo Sebastián Piana-Elena Piana, Tita Merello, como cancionista nacional, Trío Típico del Plata, Ciriaco Ortiz como bandoneonista, el cantor Agustín Irusta, lo mismo que Amanda Ledesma, Tania, Libertad Lamarque, Alberto Gómez, Rodríguez Lesende y Marambio Catán.

No faltaron, para ser mencionados, Evaristo Barrios, presentado como payador, y el Dúo Ríos-Malgá, con presentaciones de payadas y contrapunto.

Es de hacer notar la cantidad sobresaliente de típicas, muchas de ellas pertenecientes a la dirección de nombres trascendentes, pero también a otros que han desaparecido, o marcas comerciales del momento, por ejemplo, Pomona.

Esa cantidad expresa el auge de la radio y del tango, que en la década del 20 estaban en un proceso paralelo de expansión y consolidación popular, ya que ambos estaban en pleno ascenso.

Se ha mencionado a Carlos Gardel como cantante en radio. Efectivamente, lo hizo debutando el 1º de octubre de 1924 en LOW Gran Splendid, cantando en dúo con Razzano, acompañado por la orquesta de Francisco Canaro.

La última actuación de Gardel en radios argentinas la cumplió en la emisión simultánea entre la NBC de Nueva York y LR4 Radio Splendid, de Buenos Aires.

Corresponde aclarar que en varias de estas estaciones o emisoras de radio quienes actuaban muchas veces eran tríos o cuartetos, que eran presentados con distintos nombres, de acuerdo con los anunciadores o con los horarios de emisión, pero siempre eran los mismos músicos que llegaban a hacer presentaciones diarias de ocho y hasta doce horas, para poder ganar un ingreso que les permitiera solventar las necesidades del diario vivir.

Pero las emisiones radiales de esta época inicial no se restringieron al aspecto musical, pues propalaron teatro hablado, obras de radioteatro, que hicieron furor, programas dedicados al deporte, al cine, a modas, la infancia y la adolescencia, como a la política, con informativos nacionales y extranjeros.

En líneas generales, y salvando las distancias y las diferencias técnicas, adquirió una estructura muy parecida a la actual.

El tango y el cine mudo

La primera exhibición cinematográfica en la Argentina data del 18 de julio de 1896, realizada en el teatro Odeón, de la calle Esmeralda 36.

El llamado Séptimo Arte representó para el tango dos vertientes de convergencia. Una fue la intervención en las películas filmadas sin sonido y la otra fue intervenir en las salas de cine, para animar musicalmente las escenas que se proyectaban mudas y, por ello, causaban tedio y cansancio en el espectador, por la sucesión casi siempre vertiginosa de imágenes en blanco y negro.

En esta tarea se destacaron algunos músicos de tango que eran muy hábiles en interpretar qué música coincidía con la proyección de las escenas expuestas en la pantalla.

Algunos de esos nombres fueron: Rodolfo Biaggi, José Tinelli, Julio De Caro, Enrique Delfino, Juan Polito o Elvino Bardaro; conjuntos completos como fueron los de Julio De Caro (Select Lavalle, Real Cine), Anselmo Aieta (Paramount, Electric), Cayetano Puglisi, Vardaro-Pugliese (Metropol), Francisco Lomuto, Francisco Pracánico, Rafael Rossi, etcétera.

De la misma manera, Magaldi, Corsini o Gardel fueron convocados para que actuaran en salas de cine, pero para entretener cuando había un descanso entre proyección y proyección.

ANDRES M. CARRETERO

En la mayoría de las salas desperdigadas por los barrios, predominó el artista solista, preferentemente pianista.

De todas maneras, la presentación de esos músicos y cantores era un acicate para los entusiastas seguidores que casi siempre llenaban las salas, asegurando a las empresas ingresos tanto o más seguros que los obtenidos por proyectar películas.

La primera filmación realizada en la Argentina que contiene un tango, corresponde al corto filmado por Eugenio Py, para la Casa Lepage, pionera del fonógrafo y del cine en Buenos Aires, ya que para 1897 inició las filmaciones o rodajes de películas.

El film se ha perdido por lo que las referencias sobre el mismo son de terceros.

Se estima que para 1901 se filmó el primer corto cinematográfico que presentaba una pareja bailando suelta, como era la modalidad prevalente todavía en aquel entonces.

Con posterioridad, entre 1907 y 1911 se filmaron 32 películas, que eran muy cortas, pues la duración más prolongada era de cuatro minutos y algunos segundos. Contenían escenas de bailes variados, no sólo tangos.

Los protagonistas de algunos de esos films fueron los esposos Gobbi, Angel Villoldo, José Petray, Rosa Bozán, Eugenio G. López, Humberto Zurlo y posiblemente algunos miembros de la extensa y farandulesca familia Podestá.

Algunas de esas películas que contienen temas musicales de tango rescatables son: *Gabino el Mayoral, Buenos Aires Tenebroso, El Poncho del Olvido, Justicia Criolla, Los Tocayos, Abajo la Carreta, Dejá de jugar che, che, Soldado de la Independencia, El Pechador, Míster Wiskey, Ya no te acuerdas de mí, El Compadrito, El Calotero, Bohemia Criolla, El Cochero de Tranvía, Flor de Durazno, Ensalada Criolla, Galleguita, La Beata, Pica Pica, La Patria de los Gauchos, Perdón Viejita, La Borrachera del Tango, Los carreros, Los Scruchantes, Padre Nuestro, Santos Vega, La muchacha del arrabal, Mientras Buenos Aires Duerme, La Costurerita que dio el Mal Paso, La Maleva, El Tango de la Muerte, Abajo la Careta, No me vengan con Paradas, La Mujer de Medianoche, Los Políticos, Resaca, El Organito de la Tarde, Mi último Tango, Federación o Muerte, La Vuelta al Bulín, Carrero Carbonero, La Trilla, Justicia Criolla, Muchachita de Chiclana* y *Una Noche de Garufa*. De ellos, alguno tiene autor conocido, faltando en la mayoría de los films enumerados.

Se estima también que el primer film de largo metraje con argumento fue *Nobleza Gaucha*, de 1915, seguido de *Una Noche de Garufa*, en el mismo año.

Al siguiente se registró *Resaca*, donde bailó *El Cachafaz* Bianquet. Continúan cronológicamente *Federación o Muerte* y *Flor de Durazno*, en 1916. En la última intervino Gardel, de adiposa figura, al punto de ser muy difícil su reconocimiento.

La temática de las películas argentinas filmadas durante el período no sonoro se polariza entre lo campero y lo suburbano, con temas musicales que se identifican con el argumento.

Los personajes principales coinciden con el proceso de amalgama ya señalado en el tango, partiendo desde la milonga y pasando por el tango canción.

En ellas, sin mencionarlo ni destacarlo en papeles de relevancia, aparecen figuras de compadritos que en el argumento se constituyen en acompañantes sin importancia.

Esa inclusión argumental demuestra la vigencia de esta figura popular, y su relegamiento corresponde por ser filmaciones dirigidas al público formado por la clase media-media, que tenía poder económico para ir al cine, pero que todavía no había aceptado de manera total al tango y a sus figuras principales, como eran el compadrito bailarín. Años después lo aceptó, tras las payasadas tangueras de Rodolfo Valentino

Cada una de estas películas y de otras que se dejan sin mencionar tenían su motivo musical central en tangos, o valses criollos. En las memorias de Francisco Canaro se deja constancia de los entretelones no siempre claros que rodeaban a estas filmaciones.

Guardia Vieja

La anterior formación musical, considerada clásica, duró mucho tiempo, pues los cambios o modificaciones no se daban al instante, ni duraban para siempre.

Fue necesario un proceso de adaptación, de aprendizaje, de ensayos y descartes, como también de estabilidad laboral, para que el piano integrara el trío básico (trío de piano, bandoneón y violín), desplazando a la guitarra, de la misma manera en que fue desplazada la flauta y el clarinete, pero como se ha dicho, no fue un acontecer rápido ni universal.

No había suficiente cantidad de pianistas ni de bandoneonistas capacitados musicalmente, para reemplazar con ventaja a los numerosos guitarreros, flautistas o clarinetistas experimentados, que conocían una apreciable cantidad de composiciones, lo mismo que lugares donde se podía tocar con comodidad, al mismo tiempo que los nuevos músicos carecían de crédito musical ante los propietarios de los locales, aun cuando fueran eximios intérpretes.

El desplazamiento, por la suma de las razones expuestas, necesitó tiempo y decantación.

Hasta 1899 no hay registro de un trío con bandoneón y éste fue el compuesto por Juan Maglio, Luciano Ríos (guitarra) y Julián Urdapileta (violín). Poco a poco fue llegando la época en que el piano empezó a integrar los tríos y cuartetos; pero esto sucedió recién a partir del momento en que los locales que ofrecían música, o música y baile (como fueron inicialmente el Tarana, luego Hansen, El Velódromo o el Tambito) comenzaron a brindarles estabilidad laboral a los músicos.

A medida que el tango fue más aceptado por los sectores bajo y medio de la clase media porteña, los cafés barriales y del centro instalaron pianos, para permitir la propalación de una música que conquistaba adeptos de manera acelerada.

Por su parte, el piano y el bandoneón, con el tiempo, han de desplazar a la guitarra y a la flauta y clarinete, pero como se ha dicho, no de manera rápida ni violenta, pues hasta bien entrada la década de 1930, todavía había tríos, cuartetos y orquestas que los contaban como integrantes permanentes.

Otros locales barriales con piano fueron el Café Royal, El Argentino, Castilla, el café de Garay y Rincón, cuyo nombre se ha olvidado, El Garibotto y algunos más, mientras en el centro, el primero en tener piano fue el Iglesias, seguido por el Marzotto, el Nacional, el Guarany, el Gaulois, el Parque, El Africano, el Germinal, siendo seguidos muy rápido por otros que no querían perder la clientela.

En los barrios se destacaron locales como La Cueva del Chancho, El Atlántico, El Benigno, el A.B.C., el Boedo, El Protegido o el Venturita.

Entre los salones de baile más recordados, se encuentran además de los siempre mencionados y recordados de la calle Rodríguez Peña, o los correspondientes a colectividades extranjeras, Nueva Granada, Palermo Palace, San José, Mariano Moreno, 20 de Septiembre y otros.

De esa época es posible extractar algunos nombres señeros, de músicos que han de trascender en la historia del tango, como son los de David Rocatagliatta, Angel Villoldo, Ernesto Ponzio, Juan C. Bazán, Augusto Berto, Genaro Espósito *el Tano*, José Marmón Pepino y su hermano Nicolás *El Toyo*, Luis Teisseire, Samuel Castriota, Ricardo González *Mochila*, Anselmo Aieta, Juan Maglio, Alejandro Scarpino, con gran dominio del teclado y por ello llamado *El Rey de las Variaciones*, Vicente Greco, Domingo Santa Cruz *el Rengo*, Arturo Bernstein, Arturo Severino *La Vieja*, Carlos Posadas, Alberico Spátola, Ricardo Brignolo *La Nena*, Alfredo Bevilacqua, Vicente Loduca, Eduardo Arolas *el Tigre del Bandoneón*, Manuel Campoamor, Manuel Pizarro, José M. Bianchi *el* Ruso, Pedro Polito, Francisco Famiglietti, *el Tano* Juan B. Deambroglio, *Bachicha*, Juan B. Guido, *el Lecherito*, Alfredo De Franco, El *Chula* Gabriel Clausi, Cristóbal Ramos, Calixto Sallago, Armando Blasco, Angel Martín, Pedro Polito, Rosendo Mendizabal José Remondini, bandoneonista no vidente y Alfredo Gobbi, padre.

No tienen menos categoría Antonio Chiappe, Sebastián Ramos Mejía, Floreano Benvenuto, El Negro Eduardo, Pablo Romero, Cipriano Nava, Pedro Laurenz, Antonio Cippola, Miguel Tanga, Pablo Bustos, Félix Riglos, José Galarza, Emilio y Osvaldo Fresedo, Pedro Maffia, Francisco Postiglione, Luis Pérez, Francisco Canaro, quienes fueron intérpretes de violín, guitarra, flauta o clarinete, pero sobre cuyas notas estuvo asentada la trayectoria tanguística hasta 1930 y unos años más.

De la misma época se rescatan los nombres de Villoldo, Arturo Mathon, Alfredo Gobbi y de su señora Flora, para agregarles el aporte femenino con los nombres de Paquita Bernardo, Margarita Sánchez, Fémina Marintany, Aída Rioch, Pepita Avellaneda, también guitarrista, Linda Thelma, Haydée Gagliano, Nélida Federico y Dorita Miramar, estas últimas, verdaderas pioneras del tango en su etapa de consolidación en la clase media baja.

La época de la Guardia Vieja coincide en general con la expansión y prestigio alcanzado por los locales nocturnos de música, baile y mujeres, llamados cabarets, siguiendo la modalidad francesa.

A los nombres antes indicados, se pueden agregar el Florida, Palais de Glace, El Novelty, Casanova, Empire, Bambú y algunos otros que sirvieron de recalada en la trayectoria de los noctámbulos y de las patotas.

Pero la Guardia Vieja no termina en el 30, pues muchos supérstites de esa época inicial continuaron tocando con el mismo estilo, al mismo tiempo que otros, como Roberto Firpo (h) (piano, dos violines y bandoneón) siguió en la misma senda musical; Ciriaco Ortiz con gran éxito en sus presentaciones y las grabaciones, como lo hizo Adolfo Pérez Pocholo, que grabó en Odeón, el cuarteto de Juan C. Cambón, ya avanzada la década del

40, para, en la década siguiente, destacarse el cuarteto Los Muchachos de Antes, dirigido por Panchito Cao, que también se distinguió en música variada de Centroamérica y jazz comercial.

Luego siguen otras agrupaciones que reiteran la formación clásica del cuarteto típico, logrando popularidad y un lugar en el gusto popular, especialmente en el provinciano.

De la información posible de consultar se pueden extractar algunos lugares donde actuaron en el período considerado como de la Guardia Vieja.

Son ellos, haciendo una cita más orientadora que exhaustiva: Café La Buseca de Avellaneda, Cine Real, Café 43, Café El Nacional, Café del Gallego Amor, Café Los Andes, Bar Domínguez, Wester Bar del Once, Café Paulín, Circo Fontanella.

Los siguen en la enunciación: Bar y Cervecería Au Bon Jules, Montevideo, Café La Cueva del Chancho, Café La Nación, Café Ferro, de Avellaneda, Glorieta, El Tapón, Café El Capuchino, Cine Cóndor, Café Buen Gusto y Café El Dante.

Lamentablemente quedan de lado muchos otros nombres de músicos y de lugares imposibles de incluir por la enorme cantidad, pero los mencionados como músicos o compositores, como los omitidos, en su gran mayoría, han dejado registros fonográficos de sus interpretaciones, por lo que hoy es posible oírlos nuevamente.

Queda también el número de ellos que incursionaron en otras plazas, como Montevideo o las capitales europeas.

Cuánto le costaba vivir al compadrito

Para 1868 el equivalente del peso oro ($o.) o peso fuerte, era igual a 25 pesos papel o pesos moneda nacional ($ o $m/n).

Esa desvalorización del poder adquisitivo puede servir de explicación para la cantidad casi ilimitada de malevos, com-

ANDRES M. CARRETERO

padres, cuchilleros que vivieron dentro de la política, pero al margen, con nombres que han trascendido, como fueron el gaucho Pajarito, el Tigre Rodríguez, el Pardo Flores, el Negro Villarino y el arquetipo del gaucho alzado y bravío, como fue Juan Moreira, pues se podía vivir mejor con el delito que con el trabajo honrado.

En esos momentos, en la ciudad de Buenos Aires, el precio de la carne y del vino nuevo o carlón era de $0,10 y el pan estaba a $0,15, hecho con harina de Francia o Estados Unidos.

Para los viajeros que visitaban la ciudad, el dinero papel estaba muy depreciado y un peso moneda nacional era equivalente a dos peniques y medio, mientras el dinero amonedado en plata lo era en plata boliviana de a cuatro reales.

Había que tener mucho cuidado con la moneda que se recibía, pues la cantidad de moneda falsa en circulación era mucho mayor que la legal.

Esa anarquía en monedas, con sus consiguientes valores fluctuantes, se mantuvo hasta que en la primera presidencia de Roca –1880– se unificó al crearse el patacón, con un valor de 96 centavos fuertes u oro.

Para 1886, año en que se terminó el primer período presidencial de Roca, el precio del oro era de $139, o sea casi 10 veces lo ganado por un obrero calificado que recibía $o. 1,50; para 1895, $o. 3,50, cuando el valor del oro era de $296.

Para el primer año el peso papel equivalía en $o. 0,71 y para la última fecha, $o. 0,34. Si bien el jornal había aumentado el 233%, el poder adquisitivo había caído el 210%. La diferencia en favor del obrero era mínima.

El Censo de 1887 indica que entre vacas, terneros, carneros y corderos, se consumían en la ciudad de Buenos Aires 55.451.322 kilos de carnes rojas al año. Ello da un promedio de 117 kilos por persona por año.

Había 176 tambos dentro del municipio, 11 mercados con 961 puestos de venta. Para 1918 habían variado todas las cifras, pero interesa en este rubro destacar que había aumentado ligeramente la cantidad de carne roja consumida ya que el promedio era de 123 kilos.

A ello hay que agregar el pescado y las aves, carnes blancas, con los que el promedio se elevaba a 132.

En cuanto al costo de vida, el primer indicio serio es de 1907 y ha sido suministrado por el Departamento Nacional del Trabajo.

Por su intermedio es posible conocer el costo de vida de la familia tipo de esa época, que estaba formada por padre, madre y dos hijos.

Necesitaba como mínimo un ingreso de $131. El padre era jornalero con un ingreso promedio de $5 al día. Si trabajaba 22 días, llegaba a reunir $110. En peor situación estaba el matrimonio con 5 hijos, pues necesitaba $147 y el ingreso era $130, agregando los $20 que ganaba un hijo que trabajaba de mensajero, por ejemplo.

No estaba mucho mejor el capataz de una barraca ayudado con el trabajo de dos hijas que reunían $50. Le faltaban $22.

El único presupuesto que cubría los gastos era el de un matrimonio solo. El ganaba como chofer $150 al mes y la mujer como oficiala modista aportaba $70. Con eso se totalizaban $220 y los gastos insumían 140, distribuidos en: habitación $30; mercado $30; almacén $40; panadería $8; lechería $6; carbonería $6 y varios $20.

En un resumen de los presupuestos presentados, es posible decir que el alquiler insumía entre el 20 y el 25%, la alimentación entre el 65 y el 70%, quedando muy pequeños márgenes para otros gastos imprescindibles.

Demás está decir que para el sector obrero estaban vedados gastos en lecturas, paseos, cosmética para el sector femenino y que en esa cuadro se omite el gasto en ropa y calzado.

Para 1897, según cálculos de dirigentes obreros, el promedio del salario obrero era de $3, pero considerando que no todos los días del año trabajaba, resultaba que el jornal real era de $2,72. Esto explica las diferencias entre las necesidades presupuestarias y los ingresos mensuales antes indicados.

A ello había que agregar los alquileres siempre en alza, lo mismo que los artículos de primera necesidad. Las cifras anteriores sirven como ejemplos de los continuos subconsumos de la clase obrera en el período considerado.

El aumento de salarios entre 1904 y 1911 no estuvo en relación con el alza de los alquileres. Así de $4 para el salario promedio o salario testigo, de 1904 se pasó a $5,50, que significaba en aumento del 37,5%.

Pero el alquiler de la habitación que en el primer año estaba en $20, para el segundo rondaba los 40, o sea que se había encarecido en el 100%.

El pan de primera calidad, por su parte, de $0,20 el kilo en 1904, para 1911 estaba $0,28, lo que significaba un aumento del 40%, pero el de segunda calidad, o el barato, había aumentado el 57%.

La carne de vaca, que en promedio estaba en $0,28 el kilo, había pasado a costar también en promedio $0,80; las papas de $0,07 habían llegado a $0,21; los porotos de $0,20 llegaron a $0,30; el arroz de $0,27 a $0,45; la leche de $0,12 a $0,16.

Tomando como base 100 de comparación el costo de vida fue aumentando de manera paulatina, con algunos saltos notables, como el registrado para 1902, con 154%.

Desde entonces hasta 1905 se mantuvo constante, para nuevamente en 1906 pasar a 185%, y desde allí hasta 1911 en escalada acelerada hasta llegar al 215%.

Los alquileres de las piezas en conventillos no estuvieron alejados de esos aumentos. Algunos ejemplos han de permitir comprenderlos mejor.

Así, el alquiler de una pieza en casa particular, en el barrio de San Telmo, pasó de $22 a $40. Una pieza de inquilinato, en San

Juan Evangelista, de $15 a $28; una en Santa Lucía pasó de $13 a $26, y en Monserrat, de $18 a $32.

Para 1912 es posible hacer otra comparación y cotejarla con la anterior de 1907. La familia tipo tomada antes ganaba ahora $120, o sea, había logrado un aumento de $20, pero sus gastos, siempre en los mismos rubros que en 1907, habían llegado a $131.

La misma situación se repite para el matrimonio con la ayuda de un hijo, o el que tiene la colaboración de dos hijas. Se repite la situación de holgura para el matrimonio sólo cuando trabajan los dos.

Todo esto quiere decir que, pese a los aumentos salariales y las distintas cotizaciones del peso oro, la situación del obrero en general siguió siendo mala, salvo casos excepcionales, como es el del matrimonio sin hijos, en el que ambos aportaban.

Si la señora no trabajara, la diferencia entre el ingreso del marido y los gastos mensuales, sería muy exigua, pues se reduciría a $10.

El hombre y la mujer del tango

Durante mucho tiempo se tuvo como verdad que el elemento humano del tango y de su mundo pertenecía al ambiente delictual.

De ser cierta esta creencia, corresponde preguntarse dónde estaban y quiénes eran los hombres y mujeres que concurrían a diario al trabajo asalariado.

Lo mismo respecto al elemento que formaba el sector dedicado a la distracción de la sociedad (teatro, circo, por ejemplo).

No se pude negar que una pequeña parte del elemento, hoy llamado de la farándula, observó muy poco o no observó nada las leyes éticas de la sociedad de su tiempo, de la misma manera que hay que reconocer que dentro de los ambientes noctámbulos y tangueros se movieron con soltura malandras y malandrines de toda catadura y peligrosidad.

También corresponde admitir que una parte del sector humano femenino fue reconocidamente prostibularia o canera. La suma de todos ellos representan una ínfima minoría en el todo social. El grueso, o la mayor parte de la sociedad que formó el mundo en el que se desarrolló el tango, fue el elemento obrero, honesto, decente, en la etapa inicial, para incluir luego a sectores cada vez más amplios de la clase media.

A los lugares de diversión que había en Buenos Aires concurrían todas las clases sociales, desde los "niños bien", hasta los trabajadores, desde los malandras hasta las obreritas en busca de distracción.

Esa mezcla social fue y es muy típica de las naciones que tienen sociedades abiertas, en las que es posible la escalada social desde los sectores más bajos, hasta los más altos.

La detallada enumeración de los elementos delictivos –hombres y mujeres– posible de encontrar en las fuentes respectivas, no llega a sumar más de dos o tres mil, que no significaron casi nada o nada, al compararlo con los millones de obreros.

En los escritores más reaccionarios y críticos de esa sociedad en continua transformación (Ramos Mejía, Ingenieros, Rivarola, Rodríguez Larreta, Güiraldes, Bunge, Colmo, Matienzo, etc.), se encuentran razones inspiradas en el positivismo que dominó el pensamiento nacional.

Se encuentran oposiciones y muy duras observaciones ante los cambios sociales, no ante quienes los protagonizaron.

No es casual que la mayor parte de las oposiciones al tango como música popular y argentina (habría que decir porteña), contengan una parte del razonamiento en contra del cambio que significaba dejar de lado músicas, danzas y bailes, considerados como inamovibles, por algo nuevo, distinto, con muy fuerte apoyatura en los sectores populares.

Los sectores originarios de esas críticas oposiciones y condenas éticas, pertenecían a la burguesía y siempre estuvieron en contra del ascenso y del fortalecimiento de los sectores sociales menos favorecidos por la fortuna material, social y cultural.

Por ello, la crítica y el desprecio para el hombre y la mujer que conformaron el mundo del tango, no teniendo ningún reparo en calificarlos genérica y abarcativamente como delincuentes y prostitutas.

Esa moral burguesa perduró hasta hace muy pocos años en nuestra sociedad, y es la responsable (entre otras cosas) de tangos que criticaron a las mujeres que se iban liberando de las viejas ataduras, en búsqueda de su libertad, por intermedio de la cual alcanzaban la plenitud espiritual.

Futuro del tango

Desde hace por lo menos treinta años se insiste en la agonía y la muerte del tango.

Es necesario reconocer que las condiciones materiales de la sociedad en la que nació y se desarrolló, han cambiado a tal grado que ya no quedan casi ninguna de ellas.

El suburbio se ha convertido en el cinturón industrial del Gran Buenos Aires; el traslado urbano ya no se realiza en tranvía; ha desaparecido Junín y Lavalle como epicentro de la prostitución, transformado en el emporio de las casas de telas y ropas; las orquestas de la Guardia Vieja han cedido lugar a las de la Guardia Nueva y éstas a su vez a las "piazzoladas" o "post piazzoladas"; ya no se baila con cortes y quebradas en los espectáculos teatrales con música de tango, ahora hacen falta verdaderos gimnastas; no hay orquestas de ocho, diez o doce músicos, pues los costos de mantenimiento las hacen antieconómicas; han retornado los tríos, o cuartetos como formaciones ideales.

Todos esos cambios y muchos otros que son de larga enumeración, han creado condiciones distintas, que no significan ni la agonía ni la muerte del tango.

Como la mayoría de las cosas de la vida, el tango tiene una

ANDRES M. CARRETERO

dinámica propia que le permite cambiar, trasmutarse, adaptarse a nuevas condiciones, pero vivir siempre en plenitud.

Si bien el tango tiene tradicionalmente una fuerte marca de machismo, los nombres femeninos no le son extraños ni novedosos.

Desde el remoto y legendario nombre de Paquita Bernardo, siguiendo con el de la *Ñata Gaucha* Azucena Maizani y llegando en época más o menos reciente al de Hebe Bedrune y, ya más acá, el de Nacha Guevara, Beba Pugliese, Gigi De Angelis, Eladia Blázquez, Amelita Baltar, Susana Rinaldi, María Graña, Adriana Varela, nos encontramos, en la actualidad, con una verdadera generación tanguera femenina.

Algunos nombres han de servir como manifestación de los nuevos tiempos que van imperando en el tango. Así, se pueden mencionar a Claudia Levy, Erica Di Salvo, Eleonora Ferreira, Matilde Vitullo, María V. Tenconi, Paula Liffschitz, Adriana Montorfano y algunas otras.

Son músicas, creadoras, que han actuado y actúan dentro y fuera del país con buen suceso.

Esta etapa femenina ha de amalgamarse con la masculina y hemos de encontrar para ver y escuchar, y luego aplaudir, a conjuntos formados por hombres y mujeres, en otra nueva etapa de la continua renovación tanguera.

Por ello no hay que dudar sobre el futuro del tango. Puede que sea un poco o muy distinto del actual, de la misma manera que éste es distinto del tango de 1940, 1920 o 1900.

Influencia de la escuela primaria

Para la época en que el compadrito inició su aparición por las calles porteñas, c. 1870, los índices de analfabetismo en la República Argentina eran muy elevados y estaban en consonancia con la escasa cantidad de escuelas primarias, de maestros y de fondos presupuestarios, más que pobres a nivel nacional, provincial y municipal.

Sin embargo, existía dentro de algunos sectores de la clase dirigente la conciencia de esa grave deficiencia, como quedó demostrado al realizarse el Congreso Pedagógico de 1882, donde estuvieron presentes todas las corrientes del pensamiento nacional, sin distingos.

El resultado de este Congreso fue una verdadera toma de conciencia sobre las deficiencias educativas existentes en todos los niveles, pero muy especialmente en el primario.

El resultado de ese coincidencia fue la sanción de la Ley de Educación Común, conocida también por el número 1420.

Es desde entonces que de manera leve, pero persistente, casi sin renuncios, cuando las escuelas primarias se fueron abriendo y funcionando a lo largo y a lo ancho del territorio nacional.

Ello significó la habilitación de escuelas tanto en barrios porteños, como en parajes inhóspitos de los territorios nacionales, luego convertidos en provincias.

Así, a lo largo de casi dos generaciones (treinta años, según la teoría de Ortega y Gasset), los niveles de analfabetización, si bien eran aún altos, habían bajado considerablemente, llegándose en la ciudad de Buenos Aires a niveles más que aceptables, siempre que se persistiera en la labor pedagógica.

Es por ello que para 1869, fecha censal, el porcentaje de analfabetos era del 77,9% a nivel nacional, y para 1914, otra fecha censal, había bajado a 35%.

En el polo opuesto de la educación y cultura concentradas en el sector social de la alta burguesía, la acción de la escuela primaria se manifestó, sin llegar a alcanzar altos niveles culturales, pero sí a multiplicar la cantidad de literatos y poetas que hicieron de las cosas menudas, pedestres y hasta ordinarias, las motivaciones de sus manifestaciones literarias.

Es así que aparecieron los poetas del barrio que en com-

ANDRES M. CARRETERO

posiciones no ajustadas a la métrica clásica, fueron plasmando el sentir personal y popular.

Ejemplos de ello son las letras de los tangos anónimos, rescatados por la tradición oral de una o dos generaciones, referidas a la vida malandra, canera, conventillera o prostibularia, que brindaba temas para que quejas, alabanzas, esperanzas y sueños, fueran expresados en ritmo y rima.

Otros ejemplos de versos irregulares son los que forman la letra de *La Morocha* (1905), cuyo autor fue un compadrito de ley, como fue Angel Gregorio Villoldo, acompañado en la música por otro compadrito, llamado Enrique Saborido. Lo mismo corresponde decir de *El Porteñito* (1903), del ya mencionado Villoldo.

Los pueden seguir en la enumeración, sin desmedro, *Don Juan*, cuya música es de otro compadrito probado en Buenos Aires, como fue el *Pibe Ernesto* Poncio. Este tango data del 1900.

Otros versos muy irregulares se encuentran en *El Taita* (1907), que corresponden al compadrito canero que se llamó Silverio Manco.

En esta composición la música pertenece a otro compadrito internacional como fue Alfredo Gobbi (p), quien fuera compañero de Villoldo en la aventura europea.

Para cerrar la muy breve cita de tangos de compadritos, se deben mencionar *Cuerpo de Alambre* (1910) de Villoldo, y *Mi Noche Triste* (1917) de Contursi y Castriota, distinguidos no sólo por sus composiciones, sino también por su prestancia física y muy especialmente por el código moral, aplicado en cada uno de los actos de su vida.

Estas menciones de autores como letristas o músicos, demuestran que la influencia de la escuela primaria se hizo sentir hasta en los sectores menos favorecidos de la sociedad.

A ello hay que agregar la influencia ejercida por la inmigración europea, especialmente hispana e italiana, poseedora de cultura musical, que por intermedio de las infinitas academias y conservatorios musicales iniciaron en la lectura del pentagrama a los niños y adolescentes, para hacerlos idóneos, al darles las herramientas elementales, para producir composiciones musicales, superando la etapa del músico intuitivo pero analfabeto, que ha caracterizado la etapa pretanguera.

Esto, a su vez, coincide, con la falta de escritura –salvo excepciones– de la música negra y negroide, que formó durante muchos años (es posible datarla por estimación entre 1790 o antes, hasta 1870) la base musical preponderante, en la expresión ciudadana, que sería, ya para fines del siglo pasado, la música porteña más popular: el tango.

Esta etapa previa a las formas iniciales del tango se caracteriza, en general, por el anonimato y la falta de grafía, en todas las manifestaciones populares, pues al analfabetismo letrado, se deben agregar la carencia de conocimientos musicales para graficarlos en el pentagrama –que es otra forma de analfabetismo– y la apatía del público para tener fuentes escritas donde acudir, para enriquecerse en la poesía y la música que intuía como propia, pero de la que carecía de accesos posibles.

Esta etapa de analfabetismo coincide casi a la perfección con la aparición del compadrito como elemento humano surgido de las actividades labores derivadas o relacionadas con el ganado vacuno.

A medida que la gente se fue elevando educada y culturalmente, se fue alejando de ese tipo de ocupación, para irse incorporando de manera paulatina (no rápida ni masiva) a otros rubros, como fueron las actividades fabriles.

Hay casi una perfecta coincidencia en el traspaso de las barracas y saladeros a los frigoríficos como fuentes de trabajo, con la aparición gráfica de las letras y músicas de los que podemos llamar *proto-tango*, el compadrito intuitivo, las agrupaciones musicales compuestas casi siempre por instrumentos de cuerdas (violines, guitarras), con el agregado del acordeón, la flauta y luego el bandoneón, con muchos lugares para oír música y bailar.

Todo ese mundo musical y humano estuvo sometido al

fenómeno de la transculturación, pues en él se entrecruzaron la cultura afrorrioplatense, la europea, la nativa, de la misma manera que debieron convivir negros, blancos, criollos, europeos y otras variaciones étnicas, en determinados ámbitos sociales que tenían al conventillo como eje aglutinador.

Poco a poco el entorno social se fue transformando por la suma coincidente de numerosos factores: aumento de la riqueza nacional, aumento de la mano de obra extranjera, aumento de la alfabetización, progresiva penetración de la música popular llamada tango –bajo diversas designaciones– y finalmente, la influencia cada día más notoria de la llamada clase pobre y lumpen, en espectáculos populares que iban desde el circo hasta los del género chico por horas, pasando sin grandes alternancias por las romerías, las pulperías, las enramadas, las academias y los peringundines.

En ese proceso de transculturación el compadrito también fue afectado dentro y fuera de su figura.

De poeta iletrado e instintivo que decía sus creaciones poéticas, pero no las podía registrar gráficamente, salvo que alguien las escribiera a medida que las pronunciaba, pasó a ser poeta letrado que, en hojas sueltas, y luego publicaciones barriales y más tarde en antologías o libros, las fue reuniendo, para darlas a conocer en muy modestas ediciones, muchas de las cuales se han perdido.

Ese proceso lo sacó del anonimato como poeta y ocurrió en forma paralela al cambio en la vestimenta.

De la bombacha negra, la alpargata, la camisa abierta, la corralera y las boleadoras, en reemplazo de la faja negra, que eran las prendas más aptas para el trabajo con las reses vivas o muertas en barracas, carnicerías, mataderos y rodeos en ferias de remate, pasó a vestir saco, pantalón, camisa preferentemente blanca, amplio pañuelo al cuello, y botín de taquito militar.

Las boleadoras o la rastra fueron remplazadas por la faja negra que sujetaba los pantalones y afirmaba la riñonada.

Como signo de su adaptación al medio urbano aceptó las polainas abotonadas con ganchillo, y dejó el cigarrillo armado a mano para consumir el ya preparado en paquetes de 10, 12 o más unidades.

Todo este largo, lento y profundo proceso de transculturación no hubiera tenido lugar sin la acción directa e indirecta de la escuela primaria, resultado masivo de la Ley de Educación Común Nº 1420.

Compadritos y dandys

Las interpretaciones realizadas en torno a la figura e importancia del compadrito han partido de los viejos cánones que predominaron en la sociedad española y por ello se lo considera como una figura menor, derivada del compadre.

En América, compadre es el padrino del hijo de un amigo o pariente cercano, llegando en algunas naciones, como México o Perú, a formar maneras infusas y sin legislación aceptada de parentesco, o relaciones interfamiliares

El compadre es, en esos lugares, el padre sustituto o quien se responsabiliza por los menores en caso de desaparición física o prisión del padre. Por ello, compadraje y compadre son sinónimo de amistad íntima y perdurable.

En ese mismo nivel, pero con otros atributos, el compadre funcionó y funciona en Buenos Aires y el Gran Buenos Aires (villas y casas tomadas), especialmente después de la gran ola inmigratoria de 1944 en adelante, pero es necesario aclarar que ese compadraje funcionó de otras maneras, ya que la base de la amistad y las interrelaciones familiares estuvieron dadas por la presencia femenina.

Al compadrito se lo ha derivado del *chulo*, personaje madrileño por antonomasia, que se ganaba la vida en actividades en torno al ganado vacuno (mataderos y corridas de toros), que se distinguía en la vida no laboral por la desusada elegancia de su figura, gastando más de lo necesario para mantener la elegancia y la distinción dentro de los círculos pobres de los barrios bajos, que eran el escenario de sus actividades donjuanescas.

Necesitaba mostrar un nivel de vida ostentoso y falso, para atraer a las mujeres y conquistarlas, pues en el fondo de sus actividades, el chulo era un proxeneta de menor cuantía.

En realidad, se ha cometido el error de equivocar el tipo humano al que se bautizó como compadrito. Hay que reconocer la influencia de la herencia hispana, en algunos aspectos del comportamiento social del compadrito, como la cuidada elegancia de su figura.

Se ha descuidado y dejado sin considerar que en ella ha influido la cuidada elegancia importada de París y Londres, demostrada en el pantalón con el listín lateral, ya mencionado.

Revisando los avisos de las grandes tiendas porteñas se encuentran dibujos o fotografías de hombres vestidos a la última moda europea, con sacos cortones, pantalones abombillados y calzados brillosos, con polainas o sin ellas.

Completan esas imágenes los avisos de sombreros llamados *Maxera*, de copa ancha y alta, con ala ancha, todo formado en un tejido flexible que permitía dar formas varias a la copa y mayor o menor curvatura al ala, para requintar la prenda, o usarla para sombrear los ojos.

Esa imagen, simple pero elegante, fue adoptada por el compadrito a medida que se fue incorporando a las formas burguesas de vida.

Primero, en los sectores más pobres de la sociedad en la que vivía, viste bombachas y alpargatas, como se ha indicado; luego, al ascender al sector de la clase media pobre, pasa al pantalón y el zapato.

Hasta allí llegó su adaptación al medio social, pues no se conoce la más mínima mención de un compadrito vestido de frac o smoking, y mucho menos con bombín o galera de felpa.

Se ha cometido el error de estimar que el compadrito es el gaucho descabalgado, portador de cuchillo por malevo o malandra, sin comprender que, en el nuevo medio de vida, esta arma blanca había cambiado el significado, pues ahora era nada más que una herramienta de trabajo, como se ha indicado antes.

Se le ha atribuido un régimen de vida contrario y hasta contraproducente, en relación con el trabajo diario que debía cumplir para poder acceder al salario.

Se lo hacía perder las horas en boliches, pulperías y almacenes, dedicado a ingerir bebidas alcohólicas, para rematar la noche con desafíos y duelos.

Prejuicios de la clase media, influida por el pensamiento positivista, a la que pertenecieron la mayoría de los que escribieron sobre el compadrito, desde fines del siglo pasado, hasta la década de 1940, han deformado la realidad de los hechos del transcurrir cotidiano del compadrito, que llevaba una vida sencilla, trabajadora, y hasta se puede calificar de ramplona, como trabajador asalariado.

Es necesario aceptar que pudo haber algún compadrito ranero, canero, malandra, delincuente y asocial, pero nunca fue la regla imperante, sino la excepción y como tal debe ser considerado.

Los calificativos que se le han endilgado van desde matasiete, hasta rufián, pasando por vago, mal entretenido, malandra, matrero, rufián, irresponsable social, y no faltaron los comentaristas que vieron en el compadrito la negación de la sociedad argentina, al encontrar en ellos, nada más que atributos negativos y por ello despreciables.

Contribuyeron a esta descalificación social, las opiniones, artículos y libros de calificados viajeros, que catalogaron a toda la sociedad argentina dentro de los patrones de sus respectivas naciones de origen; especialmente, de quienes llegaron a la Argentina en 1910, 1916 y en la década de 1920.

Esas adjetivaciones se encuentran tanto en la prosa social de personalidades de relevancia como Carlos O. Bunge, como en obras de teatro popular, escritas a pedido de empresarios necesitados de obras muy breves.

Tenían como atractivo la representación escénica de tangos con muchos cortes, quebradas y cuchillos relucientes (como si esas obras fueran el fiel reflejo de la vida –nocturna o diurna– de los barrios trabajadores), para satisfacer el gusto de determinados sectores de la clase media baja, muy adicta a las representaciones teatrales de poco precio, sin importar la calidad de lo representado, pues concurría al teatro a distraerse, no a culturizarse o educarse, uno de los objetivos principales del teatro de todos los tiempos, fuera culto o popular, pues siempre se lo consideró como un importante medio para elevar el nivel de cultura de las grandes masas.

Indios, niños bien y compadritos

Otro error muy frecuente en la literatura que trató o trata el tema del compadrito, fue confundirlo con los "niños bien", que se autodesignaban como *La Indiada* o los *Compadritos*, que acudían todas o casi todas las noches a *El Alcázar* o *El Dorado* –donde predominaba el olor a tabaco inglés–, para aplaudir toda obra picaresca, que incluía can-cán, donde robustas damiselas mostraban sus cuerpos y ofrecían canciones de doble intención.

De allí seguían a restaurantes o confiterías, para continuar por las calles hasta los prostíbulos u otras casas galanas y terminar la noche, baleando espejos, faroles callejeros, cuando no hiriendo a los *chafes*, o agentes de policía que hacían las rondas barriales.

Era el sector que Mariano Bosch calificó como destructor del teatro en cualquiera de sus manifestaciones, pues casi siempre que concurrían a alguno, cerraban la sección con alteraciones de todo orden, que iban desde destruir butacas y destrozar espejos, a disparar tiros o incendiar el vestíbulo, no tanto como señal de disgusto hacia el espectáculo por el que habían pagado la entrada, sino por el simple gusto de manifestar por medio de esas demostraciones agresivas y groseras, su manera de entender la diversión.

La contracara de estos *indios* y de los verdaderos compadritos estuvo dada por el sector minúsculo de la sociedad que hizo de la delincuencia su método de subsistencia, y que no concurría a los teatros –ni cultos ni populares– pero lo hacía a diario al *Almacén de la Milonga,* que tenía en el ambiente de su atmósfera nocturna el tufo del tabaco negro, mezclado con el ácido olor del vino rancio y tinto; prostíbulo de muy baja categoría, aun entre los peor calificados, donde tenían trabajando a las prostitutas que explotaban, donde bailaban y mostraban sus habilidades en el visteo, para emular al gaucho *Pajarito,* el *Pardo Flores,* el *Tigre Rodríguez* o al *Negro Villarino;* todos amigos del vino y de la música.

Se ha dicho que su diversión favorita era pelear entre ellos, con la policía, mostrando de esa manera una hombría equivocada, al dar ejemplos de su maestría en el manejo del cuchillo, y al mismo tiempo exhibir las cicatrices faciales, como testimonios de sus frecuentes entreveros, donde no siempre llevaron la mejor parte.

Había, sin embargo, notables diferencias que es necesario remarcar. El *indio* o "niño bien" tenía la vida asegurada por la riqueza familiar; respaldo social, por el apellido y ocupación casi siempre incrustada en los círculos de la administración pública, la política o la justicia nacional.

Todo ello les significaba facilidades para escapar a las penalidades que les correspondían por sus excesos.

En cambio, el verdadero compadrito carecía de todo ello y, además, debía trabajar cada día para tener medios económicos con los que poder solventar las necesidades materiales de la vida.

Por su parte, los personajes antes mencionados y sus imitadores, tenían en la vida marginal y el delito, menor o mayor, sus medios de vida, contando con el amparo de los caudillos barriales, para escapar a las penalidades.

De esa trilogía, el sector fuerte estaba dado por el primero y el tercero, quedando el segundo como en sector débil, al estar menos protegido en cuanto a fortuna y protección política o policial.

Tanto el primero como el tercero tenían como centro de sus manifestaciones la provocación, para imponerse a los débiles, ahuyentándolos o sometiéndolos, y al mismo tiempo detectar a los fuertes, para rehuir los encuentros si las condiciones no eran propicias.

El comportamiento público de estos tres sectores sociales tuvo lugar en una sociedad abierta, donde el ascenso de los estamentos era posible, siempre que se cumplieran las reglas impuestas por la sociedad como conjunto: la obediencia y la violencia para imponer la autoridad instituida por las leyes y las prácticas.

Esa autoridad reconocía dos grandes gradaciones: el Estado y la Familia. El primero sancionaba y promulgaba las leyes, dando cohesión al conjunto.

El segundo también imponía leyes internas para cada grupo familiar, para que también tuviera cohesión interna y se desarrollara dentro de determinados cánones que eran comunes a la mayoría de las familias.

El primer sector, al detectar el poder económico, político y social, no llegaba a despreciar el trabajo, pero no lo valoraba, por carecer de una ética del trabajo y del ahorro. Sí tenía conciencia de las inversiones.

Trabajo y ahorro fue patrimonio de la incipiente clase media, que encontraba en ambos las bases de su consolidación y engrandecimiento.

El primer sector era heredero de situaciones ya consagradas de hecho, desde la época hispana, mientras el segundo sector (clase media) era originado en la pequeña burguesía artesanal y agrícola de Europa, educada en la práctica diaria del trabajo a sol y sombra, respaldado en el ahorro del centavo.

De esos sectores sociales provenían los *indios* y los compadres. Los marginales provenían, por su parte, de otros no adaptados a las leyes sociales ni familiares, y por ello sus actividades delictivas las cumplían al amparo de ciertos sectores del poder, que los necesitaban para cumplir tareas sucias en las épocas electorales.

Los grandes escándalos fraudulentos de nuestro pasado están sostenidos por los apellidos de los grandes políticos, y rodeados con los nombres de los marginales que se contrataban para cada período eleccionario y que terminaban, en la mayoría de los casos, ajusticiados por las fuerzas del orden enviadas por esos mismos políticos, cuando ya no los necesitaban más o cuando se habían excedido en el cometido encomendado.

El más patético ejemplo lo ha dejado Eduardo Gutiérrez, con su *Juan Moreira*, pero que no es el único consignado en los anales de la delincuencia política y policial.

Es sintomático que, en esos apellidos y nombres, no figure el de ningún compadrito tanguero, pues no eran hombres de delitos, sino de actividades lícitas y por ello quedaban relegados a la masa del votante anónimo.

No es totalmente correcta la aseveración de Héctor Sáenz Quesada cuando dice que el compadrito tenía resabios de candombe y la esperanza de llegar a la categoría del pesado del barrio.

Lo de resabios candomberos le corresponde muy poco, pues fue el bailarín que terminó con el candombe y la coreografía separada, al imponer otro ritmo en las marchas bailables y apretarse a la compañera, para hacer con ella un sólo bailarín, que tenía un sólo ritmo, una misma cadencia y la misma vivacidad y alegría de bailar.

Lo de pesado de barrio le era ajeno, pues al compadrito le

interesaba el respeto logrado por su presencia distinguida, con la figura estilizada, su prestigio como bailarín y como hombre derecho que respetaba para hacerse respetar.

De su comportamiento social estaban erradicadas las palabras provocativas, los ademanes sobradores y la continua alusión, explícita o tácita, al arma de puño que portaba a la cintura.

Por eso, como muy bien señala Blas Raúl Gallo, se lo confunde con el guapo o el compadre, y es posible decir que esa confusión es adrede, en un intento de síntesis generalizadora, que como todas ellas, es falsa con apariencia de verdadera.

En esta categoría deben incluirse muchas de las afirmaciones literarias de Borges, que si bien tienen un gran contenido literario, carecen de contenido real, como ciertos dibujos, que desde el punto de vista histórico y sociológico dejan mucho que desear, al delinear personajes idealizados pero no percibidos ni vislumbrados en la realidad cotidiana.

Un ejemplo muy simple y tomado al pasar, pero que demuestra un grave error conceptual, es presentarlo con el saco abotonado, tanto en actitud pasiva como bailando, cuando es sabido que el compadrito de verdad, nunca abotonó el saco, para tener más a mano el arma que siempre lo acompañaba.

Son más reales, por ser casi fotográficas, las ilustraciones aparecidas durante años en *Caras y Caretas* y otras revistas populares.

A la abundante iconografía que hay sobre la época de apogeo del compadrito (1870-1935), hay que agregar la no menos ponderable bibliografía, compuesta en buena parte por artículos de diarios y revistas, donde se lo trata de manera tangencial.

En la que se lo describe y analiza como personaje social se destacan tres constantes: elegancia, hombría y ocupación laboral honesta.

La referida iconografía coincide con la correspondiente a los elegantes del mismo período, pero de la clase alta.

En ella sobresalen: elegancia, muy buena situación social y ocupar cargos políticos o administrativos de alta jerarquía.

Simplificando, se pude decir que corresponden, casi a la

perfección, a lo que Pilar de Lusarreta describió en su meritorio trabajo *Cinco dandys porteños.*

Ambas –iconografía y bibliografía– son las dos caras de una misma moneda: la elegancia porteña. La cara puede ser graficada en la silueta del compadrito y la contracara en la del dandy. Ambas están separadas también por el contenido social que las antepone. El compadrito es el elegante pobre, intuitivo; el dandy es el elegante rico, formado en el buen gusto; los dos, a su manera, elegantes por naturaleza. Hay un rasgo principal que los separa y distingue: el dandy usa corbata de moño o lazo, al estilo romántico de Carlos Guido y Spano.

A ello hay que agregar la camisa con cuello palomita, para lucir el moño o el nudo de la corbata, rematado y sujeto con el alfiler de corbata.

En cambio, el compadrito usa camisa sin cuello. La corbata no integra su vestimenta diaria, sino que está reemplazada por el pañuelo flojamente anudado y pendiente hasta la cintura.

De los compadritos que escalaron posiciones sociales por intermedio de la música, se encuentran fotografías de corbatas prolijamente anudadas, o moños muy bien equilibrados en sus lazos y casi rectos, como era el estilo.

En ellas han desaparecido los pañuelos y las camisas abiertas, desabotonadas en el cuello, porque la posición adquirida, imponía aceptar determinadas reglas de la elegancia masculina.

Coinciden compadrito y dandy en mantener la elegancia conservando casi sin variaciones la cara afeitada, el pantalón abombillado, los zapatos muy bien lustrados y una cierta repetición en la inclusión de las polainas.

Donde discrepan y se distinguen es en el sombrero. El dandy adoptó el sombrero redondo o bombín, la chistera y la galera, de acuerdo con las circunstancias sociales que le tocaban vivir, mientras el compadrito había pasado de la gorra de vasco (sin visera), del pañuelo anudado, al *Maxera*. Ni siquiera el rancho hizo mella en él.

Ambos fueron fieles a los cartabones que los definieron

como compadritos o dandys. No cambiaron nada –y si lo hicieron fue en detalles mínimos– la rigidez de su vestimenta, por más alejados que estuvieran en la escala social de ese tiempo.

Este cuidado, muchas veces excesivo en la prestancia física y en las ropas, coincidente en el compadrito y en el dandy porteño, ha inducido a errores conceptuales que son necesarios aclarar.

El compadrito, por mucho cuidado que haya puesto en su persona, ropas, presencia, estilo de vestir y de comportarse en sociedad, nunca pudo llegar a ser dandy, por carecer de medios económicos que le permitieran alcanzar la calidad de las prendas vestidas, las joyas que adornaban sus anillos, etcétera.

Esa diferencia material entre el laburante elegante y el rico vestido a la última moda, o con el último capricho de su gusto personal, hicieron que nunca dandy y compadrito se asimilaran o compararan en un nivel de igualdad.

Al apreciar esas diferencias es que Esteban Celedonio Flores, dijo, en *Corrientes y Esmeralda*, que "un cajetilla los calzó de un *cross*", en directa referencia a Jorge Newbery.

Cajetilla no era, para la época de creación del tango mencionado (1933), sinónimo de compadrito, que ya para esa década había entrado en declinación, tanto física como socialmente, siendo reemplazado de manera gradual, pero muy sostenida, por el obrero fabril, en una Argentina que se iniciaba en actividades fabriles livianas, cada día más extendidas.

Por otra parte, considerar a Newbery como cajetilla no es un error, posiblemente, un abuso del lenguaje, pues antes que nada era un dandy atemperado, un sportman o un clubman, que se podía dar la satisfacción de leer los diarios nacionales y extranjeros en la biblioteca del Club Progreso o del Jockey Club.

A esos lugares el compadrito sólo tenía acceso como obrero, para hacer reparaciones, pero nunca como lector.

1 13

EL COMPADRITO Y EL TANGO

Fin de un ciclo

La vigencia del compadrito en la sociedad porteña, tiene una duración estimada entre 1880 y 1935, con sus períodos de ascenso, consolidación y declinación.

El primero se desarrolló entre 1870 y 1900. El segundo, entre este último año y 1925, y la declinación, desde entonces hasta finalizar el período indicado.

Como se ha señalado, se inicia cuando los medio de vida impulsaron a muchos hombres a ganarse la vida trabajando en ocupaciones que se desarrollaron en torno al ganado vacuno (barracas, mataderos, saladeros, etc.), prolongando de alguna manera las ocupaciones rurales de donde provenían, y donde el cuchillo había perdido el carácter de arma, para ser una herramienta de trabajo, como la pala lo era para el pocero, o las pinzas para el electricista.

El período de consolidación coincide casi a la perfección con la expansión del frigorífico, que destruyó la actividad de los saladeros y anuló la vida de muchos mataderos.

Era también una actividad derivada del ganado vacuno, pero con alta tecnificación fabril y salarios más estables.

Ello permitió que el compadrito fuera adquiriendo modos y formas de vida de la pequeña burguesía urbana, lo que le permitió estilizar y mejorar la figura, al mismo tiempo que la calidad de sus prendas, especialmente en el *lengue*, el *funyi* y los *timbos*.

Es el período en el que la clase media en ascenso se consolidó, al lograr el acceso al gobierno político con el triunfo del radicalismo, que se inició con la primera presidencia de Yrigoyen y se prolongó con la del *galerita* Alvear

Pero ya para 1928 la crisis mundial se hizo sentir en las calles de Buenos Aires, y para corroborar ello están las fotos (Archivo General de la Nación), de muchos hombres durmiendo en los bancos de las plazas y la multiplicación de los mendigos en los atrios de las iglesias.

Ese proceso de deterioro social y económico ha de culminar con Villa Esperanza, luego convertida en Villa Desesperación, en terrenos de Puerto Nuevo, donde el gobierno conservador concentró a los desposeídos.

Esa miseria corrió pareja con las persecuciones policiales que tusaban las crenchas y cortaban el taco militar de todos aquellos sospechados de rufianes criollos, pero genéricamente llamados, en el lenguaje de los *tiras*, como compadritos.

También hay que agregar como factor que colaboró a la desaparición del compadrito como personaje físico y social, la transformación de la economía nacional, por la senda de las fábricas, en industrias livianas, pero revolucionarias de la manera de ganarse la vida de la mayoría de los obreros.

Esa figura elegante y estilizada, distinguida desde el estar parado hasta en el bailar, fue borrada del escenario porteño con la llegada de la inmigración interna, del mal llamado *cabecita negra* o *teléfono público*, por ser cuadrado, negro y estar siempre en el boliche.

Otro estilo de vida, de ganarse el salario, de vestir, de hablar, de comportarse, fueron los broches finales del ciclo que tuvo al compadrito como figura principal.

En lo que respecta a la música del tango, el compadrito compartió, en su período de mayor plenitud, la prosperidad de la llamada Guardia Vieja, que tuvo en el Pibe Ernesto Ponzio, Vicente Greco, Juan Maglio (Pacho-Loco), Augusto P. Berto, el *Tano* Genaro Espósito, Roberto Firpo y algunos otros, la mejor expresión musical de ese período histórico del tango.

Junto a esas orquestas el compadrito se lució en el Tarana, El Tambito, la Glorieta, El Kiosco, El Velódromo, El Pasatiempo o las *casas* de Laura Monserrat, la China Rosa, la China Joaquina, María la Vasca, la Morocha Laura Juanita Ramírez, Madame Blanch o en lo de Mamita, en Lavalle al 2100, disputando a pie juntillas el lugar que le correspondía, ante los avances de la indiada patoteril, sin *arrugar* nunca ante el taita El Noy, famoso cuchillero de la Boca y los barrios del sur, quien finalmente encontró la horma de su zapato en el Chino Uzuna, a pocos metros de la casa de Mamita, en un duelo feroz cumplido en Lavalle y Junín, y registrado en un frondoso expediente policial y penal, donde se detallan hazañas del muerto y del matador, que hoy hacen poner los pelos de punta.

El último período de esplendor del compadrito fue cuando el cantor de las agrupaciones musicales adquirió singular atención por parte del público, al grado de que muchas de ellas eran seguidas para escuchar a los cantores.

Es por ello que éstos prestaron especial atención al cuidado de la ropa, peinado, calzado y hasta la pose adoptada al interpretar las letras que cantaban, para estar en consonancia con la imagen pulcra y distintiva del compadrito cantor.

Es un error incluir en esta categoría a Carlos Gardel, pues nunca fue un compadrito, ni en la vida ni en la actuación pública. El dinero invertido en ropas, calzados, joyas, perfumes, peluquero, restaurantes, etc., lo acercaron siempre al dandy, en la misma medida en que lo alejaron del compadrito.

Literatura sobre tango

Mucho es lo que se ha escrito sobre el tango, pero no se tiene el propósito de analizar aquí puntualmente todos y cada uno de los libros publicados.

Se ha seleccionado un grupo de ellos, teniendo en cuenta los autores, la importancia de lo escrito y, por sobre todo, la significación de esas publicaciones.

ETCHEBARNE, Miguel D.: *Juan Nadie, vida y muerte de un compadre*

Este trabajo, ya consagrado por la crítica especializada y por el público, tiene el valor de un análisis profundo, decantado y sereno que da el vasto conocimiento del tema.

Eso hace que las discrepancias sean nada más que apreciaciones diferentes, ya que son hechas desde distintos ángulos o valores dispares y desde conceptos divergentes.

La ubicación y análisis varía de acuerdo con la función social y política del autor como ciudadano.

A pesar de los desencuentros que su lectura provoca, es una obra muy meritoria que merece ser leída y apreciada desapasionadamente.

ANDRES M. CARRETERO

FERRER, Horacio A.: *El Tango, su historia y evolución*

Después de casi cuarenta años, esta breve pero muy valiosa obra ha sido reeditada.

Sin llegar a compartir todas sus afirmaciones, es necesario reconocer que como breviario sobre el tema es lo mejor que se ha escrito. También tiene el mérito de plantear una larga serie de interrogantes, para que el investigador, deseoso de mayores conocimientos, encuentre campo propicio para sus búsquedas, pues abre caminos para los investigadores.

Es un libro obligado en toda bibliografía sobre el tango. Hay una versión ampliada en la obra del mismo autor, sobre el tango, en tres tomos, que es una verdadera enciclopedia, muy difícil de superar.

GUIBERT, Fernando: *El compadrito y su alma*

Este autor de *Poeta al pie de Buenos Aires* ha logrado, en esta breve producción, la idealización de la figura humana y del alma del personaje.

El trabajo está lleno de bellas imágenes, que su autor, como pintor, ha sabido plasmar en lienzos de muy alta calidad pictórica.

GÁLVEZ, Manuel: Varias novelas

En ellas se destaca el nacionalismo a ultranza, característico de toda la obra literaria y biográfica de Gálvez.

Los temas del tango, suburbio, lunfardo y compadrito están distorsionados, por el enfoque de tratar de conceptuarlos en base a purezas de raza, que nunca existieron en una nación de inmigración como es la República Argentina.

Por ello no llegó a calificar en su verdadera dimensión y situación social esos temas mencionados, llegando a atribuirle al tango adjetivos denigrantes.

IBARGUREN, Carlos: Varias obras.

La mejor síntesis de su pensamiento son sus propias palabras: *El tango no es propiamente argentino, es un producto híbrido y*

EL COMPADRITO Y EL TANGO

mestizo, nacido en los arrabales y consistente en una mezcla de habanera tropical y milonga falsificada.

Esos conceptos descalificatorios corresponden a la mayoría de los argentinos que provenimos de corrientes inmigratorias que se mezclaron con los nativos y que somos, a su vez, el resultado de miles que se mezclaron con anterioridad a su arribo.

No se puede hablar de pureza de ninguna raza humana, y mucho menos de la hispana e itálica, cuando los territorios respectivos fueron lugares de colonias fenicias, cartaginesas, griegas, germanas y cuanto pueblo andaba recorriendo parajes.

Por eso los conceptos y calificaciones de Ibarguren deben ser tenidos en cuenta, pero ubicados dentro del concepto distorsionado de una pureza racial inexistente.

ROSSI, Vicente: *Cosas de negros*

Con todos los errores de formación e información histórica y social, este libro de Rossi pude ser considerado como uno de los más meritorios sobre el tema del compadrito.

Tiene el mérito de haber sido testigo de una época de transición y haber recogido mucha información no debidamente procesada, pero que no ha perdido el valor original.

LUGONES, Leopoldo: *El Payador*

Esta idealización del poblador de las pampas sirve de ataque para tratar de menoscabar al tango. Una de sus frases menos hirientes los considera *reptil de lupanar, tan injustamente llamado argentino.*

Para Lugones, el gaucho, por ser una subraza, es decir, inferior, podía producir cualquier producto espúreo, por alianza o concomitancia con otros elementos ajenos a lo auténticamente argentino, ya que la autenticidad, para él no está dada en el elemento constitutivo de la mano de obra, sino en quienes mandan.

Como el tango no nació en ningún salón de gente decente sino en el lupanar, no podía tener certificado de nacimiento válido para ser considerado como argentino por derecho propio.

BORGES y CARRIEGO

Estos dos autores consagrados de la literatura nacional, cometen errores muy propios de la burguesía en la que se criaron y fueron educados.

El primero reconoce que el suburbio al que se refiere es el idealizado y no el vivido. A ello hay que agregar que muchas de las referencias escritas las obtuvo de terceros, no de vivencias propias.

La suma de todo ello descalifica sus trabajos sobre el compadrito y el tango, como investigación o disquisición, quedando vigentes los valores literarios utilizados en la escritura.

En cuanto al segundo, su más grave error es haber dejado como real el mito y la leyenda de *la mujer que dio el mal paso.*

A ésta se le atribuyen, entre otras cosas, la prevalencia de la moral hedonista que justificaba la venta de su cuerpo al mejor postor, con tal de obtener beneficios materiales y alejarse de la sordidez del conventillo.

Pero el autor no investigó el sometimiento constante de esa mujer a la autoridad paterna, la escasez del salario y la falta de higiene en los talleres o en los sucuchos conventilleros donde debía vivir sin privacidad y, al mismo tiempo, trabajar entre 14 y 16 horas diarias sin descanso.

Esa fábula de Carriego es el producto muy típico del machismo de su época, que floreció en la letra de muchos tangos que atribuyen a la mujer la falta de ética en el abandono sentimental.

LARA y R. DE PANTI: *El tema del tango en la literatura argentina*

Este meritorio trabajo es posiblemente la única obra que trata el tema de manera racional, con profundos conocimientos de literatura y, por ello, el tratamiento del tango es realizado con gran solvencia.

No hay otra publicación con mayores méritos, pues cada obra considerada es ubicada en el tiempo y los valores correctos. Además, carece de adjetivos descalificativos o desvalorizaciones agraviantes, dos defectos de muchas de las obras sobre el compadrito y el tango.

SABATO, Ernesto: *Tango, discusión y clave*

Este prestigioso escritor ha incursionado en el tema popular del tango, teniendo como base de su razonamiento una filosofía totalmente ajena a la música popular porteña.

Su filosofía es un tema muy particular y por ello indiscutible y respetable, pues tiene derecho a opinar. Lo que sí es discutible y hasta negable es la afirmación de que "el tango es un sentimiento triste que se baila".

No hay músicas populares tristes; nos pueden parecer, por no conocer la génesis, las raíces antropológicas del pueblo que la origina y el ambiente social en que se desarrolla.

Muy por el contrario, el tango es una música alegre, en la que se comparte la alegría con la pareja al crear pasos y variantes infinitas, hasta llegar a hacer de cada pieza bailada una coreografía irrepetible e inimitable.

Para demostrar alegría, no hace falta sonreír ni bailar a las carcajadas; basta mira los ojos de los bailarines, para encontrar en ellos la chispa que la pone de manifiesto.

GOBELLO, José: *Crónica general del tango*

En realidad, esta obra es una historia del tango, un poco extensa, que reúne los valores más importantes de acuerdo con el criterio subjetivo del autor.

Es una obra de consulta y orientación que no debe faltar en ninguna biblioteca ni bibliografía.

ULLOA, Noemí: *Tango, rebelión y nostalgia*

Es un valioso intento de llegar a la esencia del tango, analizando sus letras más representativas. Así son analizados los temas de la madre, del suburbio, del coraje, de la amistad y sus concomitantes.

A ello se agregan los valores de numerosas entrevistas (30), con lo que se aportan ideas y conceptos, algunos muy valiosos y otros descartables o enjuiciables.

La suma de todo ello hace de esta publicación un interesante aporte, al que hay que incluir en todo estudio serio sobre el tema.

Puccia, Enrique: *El Buenos Aires de Angel Villoldo*

Este trabajo enfoca el desarrollo de la ciudad y su música, tomando como hilo conductor la vida del protagonista.

Contiene muchos aciertos documentales y una gran síntesis del período abarcado 1860-1919.

El tema del compadrito no está tratado en plenitud, pues no es el objetivo principal de la obra, pero sí lo es el del tango.

A pesar de ello se encuentra información valiosa sobre el período de Villoldo como compadrito en las carpas de la Recoleta.

Varios autores: *Historia del tango en 18 tomos*, Corregidor.

Este enorme y meritorio esfuerzo editorial es una recopilación de muy variados aportes. No hay un ordenamiento sistemático en lo temático y cronológico, pues se ha dado libertad a los autores para el tratamiento de los temas.

Esa concurrencia de autores desde enfoques muy diferenciados, es lo más valioso y, al mismo tiempo, la gran debilidad del conjunto, pues no todos los temas están tratados con la misma solvencia.

Casadevall, Domingo: *El carácter porteño*

Lamentablemente, el autor, en base a un profundo conocimiento del tema, ha hecho una selección y acotación de todo lo negativo del carácter porteño.

Ha reunido en apretada síntesis las más opuestas fuentes que coinciden en la crítica del porteño. No escapa a esta selección negativa el compadrito.

Hay que reconocer que como personaje humano no fue un dechado de virtudes, pero no es posible presentar al compadrito y al porteño como la suma de negatividades.

Bibliografía

ANDRADA, J. C y SAN MARTÍN, H.: *Del debute chamuyar canero*, A. Peña Lillo, Buenos Aires 1967.

ASSUNÇÁO, Fernando O.: *El tango*, El Ateneo, Buenos Aires, 1998.

ATIENZA, Julio de: *Genealogía del tango argentino*, en Cuadernos Hispanoamericanos, Nº 190, Madrid, octubre de 1965.

BATES, Luis H.: *La Historia del Tango* (primera y única parte publicada), Fabril Editora, Buenos Aires, 1936.

BATIZ, Adolfo: *Buenos Aires, la rivera y los prostíbulos en 1880*, Aga-Taura, Buenos Aires, 1905.

BORGES, J. L. y Bullrich, S.: *El compadrito, su destino, sus barrios, su música*, Fabril Editora, Buenos Aires, 1968.

BRIAND, René: *Crónicas del tango alegre*, Buenos Aires, 1972.

CANARO, Francisco: *Memorias (Mis Bodas de oro con el tango)*, Corregidor, Buenos Aires, 1967.

CARELLA, Tulio: *El tango, mito y esencia*, Doble P., Buenos Aires, 1956.

CARRETERO, Andrés M.: *Prostitución en Buenos Aires*, Corregidor, Buenos Aires, 1998.

———: *Tango, testigo social*, A. Peña Lillo-Continente, Buenos Aires, 1999.

CASADEVALL, Domingo: *El tema de la mala vida en el teatro nacional*. Kraft, Buenos Aires, 1957.

————: *La evolución de la Argentina vista por el teatro nacional*, E. C. A., Buenos Aires, 1965.

————: *El carácter porteño*, C.E.A.L., Buenos Aires, 1968.

CASTAGNINO, Raúl H.: *El circo criollo*, Plus Ultra, Buenos Aires, 1969.

CENTEYA, Julián: *La musa mistonga*, Freeland, Buenos Aires, 1964.

DE CARO, Julio: *El tango en mis recuerdos*, Centurión, Buenos Aires, 1964.

ESCARDÓ, Florencio: *Geografía de Buenos Aires*, Eudeba, Buenos Aires, 1966.

ETCHEBARNE, Miguel D.: *La influencia del arrabal en la poesía argentina culta*, Kraft, Buenos Aires, 1955.

————: *Juan Nadie, vida y muerte de un compadre*, Alpe, Buenos Aires, 1957

FERRER, Horacio: *El tango, su historia y evolución*, A. Peña Lillo-Continente, Buenos Aires, 1999.

GALLO, Blas, R.: *Historia del sainete nacional*, Quetzal, Buenos Aires, 1958.

GOBELLO, José: *Crónica general del tango*, Fraterna, Buenos Aires, 1980.

LAMAS, H. y BINDA, E.: *El tango en la sociedad porteña*, Ediciones Héctor L. Lucci, Buenos Aires, 1998.

LARA, T. de y R. DE PANTI, I.: *El tema del tango en la literatura argentina*, E.C.A., Buenos Aires, 1961.

LUSARRETA, Pilar de: *Cinco dandys porteños*, Peña Lillo-Continente, Buenos Aires 1999.

MARAMBIO CATÁN, Carlos: *Sesenta años de tango*, Freeland, Buenos Aires, 1973.

MARECHAL, Leopoldo: *Historia de la calle Corrientes*, Paidós, Buenos Aires, 1967.

MATAMORO, Blas: *La ciudad del tango*, Galerna, Buenos Aires, 1982.

MARTÍNEZ ESTRADA, Ezequiel: *La cabeza de Goliat*, Losada, Buenos Aires, 1997.

ORDAZ, Luis: *El tango en la escena nacional*, Academia Porteña del Lunfardo, Buenos Aires, 1997.

ORTIZ ODERIGO, Néstor: *Aspectos de la cultura africana en el Río de la Plata*, Plus Ultra, Buenos Aires, 1974.

PÉREZ AMUCHÁSTEGUI, Antonio J.: *Mentalidades argentinas*, Eudeba, Buenos Aires, 1963.

PINTOS, Juan M.: *Así fue Buenos Aires*, Coni, Buenos Aires, 1954.

PUCCIA, Enrique H.: *El Buenos Aires de Angel G. Villoldo*, Corregidor, 1997.

———: *Intimidades de Buenos Aires*, Corregidor, Buenos Aires, 1990.

QUINTANA, Federico: *En torno a lo argentino*, Coni, Buenos Aires, 1941.

ROSSI, Vicente: *Cosas de negros*, Hachette, Buenos Aires, 1958.

SABATO, Ernesto: *Tango, discusión y clave*, Losada, Buenos Aires, 1963.

SALAS, Horacio: *Tango*, 2 ts., Planeta, Buenos Aires, 1997.

SELES, Roberto: *El origen del tango*, Academia Porteña del Lunfardo, Buenos Aires, 1998.

SEM: *Les posédeés*, avril 1912, Academia Porteña del Lunfardo, Buenos Aires, 1997.

SIERRA, Luis A.: *Historia de la orquesta típica*, Corregidor, Buenos Aires, 1998.

TALLÓN, José S.: *El tango en su etapa de música prohibida*, Los amigos del libro argentino, Buenos Aires, 1964.

ULLOA, Noemí: *Tango, rebelión y nostalgia*, C. E. A. L., Buenos Aires, 1982.

VARIOS AUTORES: *Historia del tango*, 18 ts., Corregidor, Buenos Aires, varios años.

WILDE, Juan A.: *Buenos Aires desde setenta años atrás*, Eudeba, 1977.

ROMANCERO CANYENGUE

Horacio Ferrer

Prólogo de Alejandro Dolina
Introducción de Cátulo Castillo

La poética, bajo la advocación de Erato, musa inspiradora de líricos momentos y desocupados románticos, no deja de ser un género glorificado, como poco transitado. La realidad reclama temas más próximos, más nuestros. Esta ligera digresión se convalida cuando el lenguaje cotidiano se sublima y se recrea para describir poéticamente el mundo esencial del amor, de la pasión, del arte o de la patética derrota.

Es el caso de este *Romancero*, que no es el del Cid, precisamente, pero es el alumbramiento de la visión *canyengue* de noctámbulos, mujeres fáciles para hombres difíciles, fueyes estirados y guapos que arrugan, todo traducido por la sensibilidad y la emoción de un rioplatense traído de la mano de Cátulo Castillo, consagrado por Astor Piazzolla y expuesto por Alejandro Dolina.

EL TANGO: SU HISTORIA Y EVOLUCION

Horacio Ferrer

Prólogo de José Gobello

El tango: su historia y evolución, pequeño y un tanto humilde libro de Horacio Ferrer, tiene el valor de marcar un hito en la zarandeada historia de la música empírica, repentista y provocadora del tango. Podríamos decir que, con él, termina la edad de su inocencia para asumir la mayoría, con los riesgos y responsabilidades que esto supone. Según el autor, "el tango es una música de especie popular no folklorizada, básicamente reglada en compás binario de 4/8. A diferencia de otras artes musicales que son en general improvisadas, el tango es, siempre, música compuesta de antemano y ejecutada con acuerdo previo".

Posiblemente, este ensayo haya sido el germen de análisis posteriores, en cuyo desarrollo no fueron ajenos creadores como Piazzolla, Garello, Stamponi, Salgán.

Esta reedición del libro –que editamos por primera vez en 1960– tiene el sabor del desfloramiento fecundo, de lo añejo y, por qué no, de la nostalgia, como la poesía de algún tango.

B I B L I O T E C A **L A   S I R I N G A**

TANGO, TESTIGO SOCIAL

Andrés M. Carretero

Con estilo claro y conciso, la trama de este nuevo libro de Andrés M. Carretero enfoca el tema social que se encierra en el mundo del tango, desde sus orígenes hasta su consagración.

En sus páginas se amalgaman los conventillos, los prostíbulos, los bailarines, los que desean iniciarse en el esotérico ritmo del dos por cuatro, cautivados desde los barrios más humildes hasta los salones más lujosos.

Se han recopilado documentos, testimonios, pero sobre todo se ha investigado con mucha serenidad, la verdadera esencia de la vida del proletariado y del lumpen, que ha sido el origen de nuestra música ciudadana, para poder conocer desde lo más profundo y lejano la trama vivencial del pueblo, que ha creado una música que es la manifestación alegre que da la plenitud de las cosas cotidianas hechas con la satisfacción de manifestar en el canto o el baile, la creación única e intransferible que cada tango tiene.